ZHILIANG SHENGJIE ZHINAN

质量升阶指南

SHIPIN SHENGCHAN QIYE
ZHILIANG GUANLI WENDA

——食品生产企业质量管理问答

刘淑艳 刘 玉 王光丽 范 伟 主编

中国农业科学技术出版社

图书在版编目（CIP）数据

质量升阶指南：食品生产企业质量管理问答 / 刘淑艳等主编 . -- 北京：中国农业科学技术出版社，2024.12
ISBN 978-7-5116-6856-1

Ⅰ.①质… Ⅱ.①刘… Ⅲ.①食品企业 - 食品安全 - 质量管理 - 中国 Ⅳ.① F426.82

中国国家版本馆 CIP 数据核字（2024）第 111524 号

责任编辑　王惟萍
责任校对　王　彦
责任印制　姜义伟　王思文

出 版 者	中国农业科学技术出版社
	北京市中关村南大街 12 号　　邮编：100081
电　　话	（010）82106643（编辑室）（010）82106624（发行部）
	（010）82109709（读者服务部）
网　　址	https://castp.caas.cn
经 销 者	各地新华书店
印 刷 者	北京地大彩印有限公司
开　　本	148 mm×210 mm　1/32
印　　张	5.5
字　　数	143 千字
版　　次	2024 年 12 月第 1 版　2024 年 12 月第 1 次印刷
定　　价	68.00 元

◆◆◆ 版权所有·侵权必究 ◆◆◆

编委会

顾　问　许建成

主　编　刘淑艳　　刘　玉　　王光丽　　范　伟

副主编　董立君　　张　荣　　张　亚　　刘忠军
　　　　　邱　凯

编　者（按姓氏拼音排序）
　　　　　陈　清　　陈剑萍　　陈文生　　董立君
　　　　　范　伟　　姜　薇　　李　强　　李小军
　　　　　刘　玉　　刘淑艳　　刘忠军　　邱　凯
　　　　　司智陟　　王光丽　　王慧杰　　王中选
　　　　　肖楚翔　　张　荣　　张　亚　　张丽娜
　　　　　周宇晨

前 言
PREFACE

  国以民为本，民以食为天，食以安为先，安以质为本，质以诚为根。食品安全，关系着人民群众的生命健康安全，也关系着中华民族的未来，深入实施食品安全战略，既是民生工程，也是民心工程。

  安全食品，既是产出来的，也是管出来的，但归根结底是产出来的，因此，食品生产企业责任重大。依据《中华人民共和国食品安全法》第三十五条"国家对食品生产经营实行许可制度。从事食品生产、食品销售、餐饮服务，应当依法取得许可"。食品生产经营实行许可制度是食品质量安全市场准入制度的基础和核心，是一种政府行为，是一项行政许可制度，是对食品生产的法制管理。

  我国的食品生产许可制度最早可以追溯到1982年，从法律体系形成的时间轴上划分，可以分为3个阶段，由监管理念的转变，带动着监管职责和职能的变更。

  第一阶段时间跨度为1982—2009年，这一时期，我国食品安全的法律体系逐渐形成。1982年，《中华人民共和国食品卫生法（试行）》颁布实施，其中第二十六条规定"食品生产经营企业和食品商贩，必须先取得卫生许可证方可向工商行政管理部门申请登记或者变更登记"。食品卫生第一次上升为国家法律，标志着我国食品卫生管理全面进入法治化的轨道。其后，相应的地方法律法规、系列的食品卫生标准、检测机构及执法队伍建设逐渐完善。直到 1995 年，《中华人民共和国食品卫生法》正式颁布，标志着食品卫生法律制度体系已经形成。2002 年，国家质检总局下发《关于印发〈加强食品质量安全监督管理工作实施意见〉的通知》（国质检监〔2002〕185 号），食品质量安全市场准入制度正式实施，制度主要包括 3 项内容：生产许可制度、强制检验制度和市场准入标志制度。其中市场准入标志制度，就是 QS 认证制度。2002—2006 年，国家质检总局共分 4 批对 35 大类食品实施市场准入管理。

第二阶段时间跨度为 2015—2018 年，食品安全的法律体系进一步完善。2009 年，《中华人民共和国食品安全法》颁布实施，其中第二十九条规定"国家对食品生产经营实行许可制度。从事食品生产、食品流通、餐饮服务，应当依法取得食品生产许可、食品流通许可、餐饮服务许可"。从"食品卫生"到"食品安全"，从"被动保安全"到"主动防风险"，反映了食品立法思维的改变。2015 年，新修订的《中华人民共和国食品安全法》实施，建立了覆盖生产、流通、服务、销售等的全过程监管制度。同年，作为新修订的《中华人民共和国食品安全法》的配套规章，《食品生产许可管理办法》同步实施，其中，第二十九条规定"食品生产许可证编号由 SC（生产一词的汉语拼音字母缩写）和 14 位阿拉伯数字组成"。同时，自 2018 年 10 月起，食品生产者生产的食品不得再使用原包装、标签和"QS"标志。新的管理办法进一步强调了食品生产者食品安全主体责任意识。2019 年，《中华人民共和国食品安全法实施条例》

新修订实施，强调最严厉处罚、最严肃问责、最严格监管和最严谨标准，"四个最严"加快了科学完善的食品安全治理体系的建立，也凸显了国家对于食品安全问题的高度重视。

第三阶段从 2018 年国家市场监督管理总局组建开始至今，食品安全监管职能统一整合在国家市场监督管理总局，2020 年国家市场监督管理总局出台《食品生产许可管理办法》，2022 年发布新修订的《食品生产审查通则》及多领域的审查细则标准等一系列食品生产许可文件，形成目前的"大监管"理念下，食品许可制度与市场准入制度的共同实施的食品安全监管体系，从而完成了从农田到餐桌的全过程的安全监管。

本书对现行的食品生产日常管理中涉及的 6 个方面 109 个问题进行了梳理，给出了详尽的解答和释义。在编写过程中，编写组对 120 多家不同食品领域和生产规模的食品生产企业开展了调研，并查阅了大量文献，希望可以帮助食品安全监管人员、食品企业从业人员、食品科学研究人员、食品产品创制人员详细了解和系统学习我国食品生产的管理及技术要求，助力我国食品产业高质量健康持续发展。

在此，衷心感谢为本书写作付出心血和汗水的编委们，但受本书的篇幅和编者们的能力所限，书中难免有不妥之处，敬请读者批评指正。

编者
2024 年 6 月

目录
CONTENTS

第一篇 政策篇   1

一、食品委托生产关系中法律责任由委托方还是生产方负责？   3

二、食品生产企业更换名称，旧包材是否可以继续使用？   3

三、关于食品生产者地址变更后，旧版标签是否能继续使用？   3

四、食品生产企业实施自检需要获得检验资质吗？   3

五、乳制品生产企业出厂检验用快速检测方法是否可行？   4

六、团体标准可否作为食品生产许可申请依据？   4

七、牛羊肉等产品及牛羊下水的初加工能否申请办理食品生产许可？   4

八、关于声称"无糖"问题，应如何解决？   4

九、食品生产企业提出复检的时限如何规定？   5

十、食品标识上明示的保质期与执行标准的保质期不一致是否违法？   5

十一、关于食品生产中食品半成品保质期相关问题   5

十二、关于预包装食品保质期计算起点有关问题   6

十三、食品生产申请人提交的许可申请，哪些情况应 6
当组织开展现场核查？

十四、对进口的预包装食品有何规定？ 7

十五、哪些食品禁止生产经营？ 7

第二篇　条件篇 9

一、在依法配备食品安全员的基础上，哪些食品生产 11
经营企业、集中用餐单位的食堂应当配备食品安
全总监？

二、食品生产中允许分装的行为有哪些？食品生产企 11
业分装的食品有无特别标识的规定？

三、食品生产企业产品出厂有什么要求？ 12

四、食品生产企业的设备应满足哪些基本要求？ 12

五、食品生产车间的设计和布局应符合哪些基本要求？ 14

六、食品生产企业虫害控制应满足什么要求？ 15

七、食品生产企业在产品检验方面应符合哪些要求？ 15

八、同一物质，既可以作为添加剂，也可以作为加工 16
助剂使用，如何区分？

九、食品生产企业的车间环境有什么要求？ 16

十、食品生产企业的选址及厂区环境有什么要求？ 17

十一、食品原料、半成品、成品、包装材料等可以在 18
同一仓库存放吗？

十二、食品生产过程中是否可以使用药品作为添加剂？ 18

十三、哪些预包装食品可以豁免强制标示营养标签？ 19

十四、食品生产企业应当在哪些环节制定并实施控制 19
要求？

十五、委托加工可以用委托方制定的企业标准吗? 20

十六、哪些产品属于食用农产品?食用农产品经营需 20
要办理《食品经营许可证》吗?

第三篇　管理篇　　　　　　　　　　　　　　　　***27***

一、食品保质期如何定义?　　　　　　　　　　　　23

二、食品保质期如何确定?　　　　　　　　　　　　23

三、食品保质期的法律适用有哪些?　　　　　　　　25

四、食品生产企业文件如何管理?　　　　　　　　　26

五、食品生产经营企业原有食品安全风险管控工作机　27
制与日管控、周排查、月调度是什么关系?是否
需要单独建立日管控、周排查和月调度的工作
机制?

六、食品生产经营企业配备食品安全总监、食品安全　27
员等食品安全管理人员的法律依据是什么?食品
安全总监和食品安全员是否必须为专职人员?

七、食品留样如何管理?　　　　　　　　　　　　　27

八、分装食品的标签除遵守 GB 7718—2011《食品安　29
全国家标准　预包装食品标签通则》之外,是否
还有特殊规定要求?分装食品的产地是原生产地
址还是分装地址?

九、法律法规及标准要求食品生产经营人员如何进行　29
卫生管理?

十、预包装食品营养标签强制标示的内容包括哪些内　30
容?如何计算?

十一、现行有效的审查细则版本是什么？目前哪些食 　31
　　　品、食品添加剂类别已制定食品安全国家标准
　　　卫生规范？

十二、特殊食品、保健食品、特殊医学用途配方食品、　42
　　　食用农产品如何定义？

十三、什么是"豁免标示"？　43

十四、预包装食品标签豁免标示内容汇总　43

十五、法律法规及标准对食品生产经营者的健康要求　45
　　　是什么？

十六、法律法规及标准对食品生产企业食品出厂有什　45
　　　么规定？

十七、标准如何分类？　47

十八、产品执行标准如何选择？　48

十九、产品分类的标准依据有哪些？　49

二十、食品制造或加工过程中加入的水在配料表中应　51
　　　如何标示？

二十一、新旧强制标准更替时，产品应如何执行？　51

二十二、使用转基因大豆油作为配料的食品标签上是　52
　　　　否需要标注转基因信息？

二十三、预包装食品生产日期和保质期如何确定？　53

二十四、食品标签中如何对质量等级进行标识？　55

第四篇　记录篇　**57**

一、记录的定义，企业如何进行记录的自查？　59

二、食品生产企业建立完整记录制度的意义是什么? ... 59

三、记录的分类依据是什么?生产企业记录如何分类管理? ... 61

四、食品生产企业应在哪些环节建立记录? ... 63

五、原料验收时,供应商提供出厂检验证明后,是否可以直接采用作为入厂的验证材料?是否需要做进一步的查验,应如何进行查验? ... 65

六、投料记录中应写明哪些信息?投料记录内容及撰写的要求? ... 66

七、如何定义食品生产中的"批""批生产记录"? ... 67

八、复核生产记录有哪些注意事项? ... 68

九、食品生产企业生产记录在使用过程中常出现的问题有哪些?应该如何解决? ... 68

十、生产记录管理过程中常见问题有哪些? ... 69

十一、生产记录如何管理与控制? ... 70

十二、如何建立生产记录的追溯链? ... 71

十三、企业应依据哪些法律法规技术文件完成生产记录? ... 73

十四、生产记录表格设计时应注意哪些问题? ... 76

十五、电子记录如何"审核"? ... 77

第五篇 许可篇 ... **79**

一、申请食品生产许可,需要符合哪些条件? ... 81

二、食品生产企业在获得食品生产许可前申请材料怎么准备? ... 81

三、食品生产企业在获得食品生产许可后如何进行变更、延续与注销? ... 83

四、个体工商户能办理食品生产许可证吗? ... 84

五、针对普通食品,一个食品生产车间可以申请多个单元的食品生产许可吗? ... 84

六、申请食品生产许可,现场检查必须要动态的吗? ... 85

七、食品生产许可可以网上申报吗?具体怎么操作? ... 85

八、初次申证试产是否会被判"无证生产"? ... 86

九、食品生产许可证副页的产品明细,列出产品名称,后续生产同类别但不同品名产品,需要再备案吗? ... 87

十、怎样查询预包装食品生产许可证的真伪? ... 87

十一、生产车间布局变化,如原有成品仓库外租是否需要向监管部门备案? ... 88

十二、委托生产的产品还需要办理委托加工备案吗? ... 88

十三、出口加工区内的食品生产企业,以及出口加工区外仅以出口为目的的食品生产企业是否需要办理食品生产许可证? ... 89

十四、集团公司和其所属的分公司是否可以一起申请食品生产许可? ... 89

十五、食品组合包装需要办理生产许可吗? ... 90

十六、营业执照必须包含生产许可证上所有产品类别? ... 91

十七、食品生产许可在各省之间确实存在一些不同点,这些差异主要体现在哪几个方面? ... 91

十八、食品生产经营中哪些情况不需要办理食品经营许可? ... 93

第六篇　处罚篇　**95**

一、企业在未取得食品生产经营许可的情况下，从事食品生产经营活动，或者未取得食品添加剂生产许可从事食品添加剂生产活动时，如何进行处罚？　97

二、当企业用非食品原料生产食品、在食品中添加食品添加剂以外的化学物质和其他可能危害人体健康的物质时，或者用回收食品作为原料生产食品，经营上述食品应当如何进行处罚？　98

三、当企业生产经营致病性微生物、农药残留、兽药残留、生物毒素、重金属等污染物质以及其他危害人体健康的物质含量超过食品安全标准限量的食品、食品添加剂时，应当如何对其进行处罚？　99

四、当企业生产经营腐败变质、油脂酸败、霉变生虫、污秽不洁、混有异物、掺假掺杂或者感官性状异常的食品、食品添加剂时，应当如何处罚？　100

五、当食品生产经营者经营病死、毒死或者死因不明的禽、畜、兽、水产动物肉类，或者生产经营其制品时，应当如何处罚？　101

六、当企业经营未按规定进行检疫或者检疫不合格的肉类或肉类制品时，应当如何进行处罚？　102

七、当企业生产经营标注虚假生产日期、保质期或者超过保质期的食品、食品添加剂时，应该如何进行处罚？　103

八、当食品、食品添加剂生产者未按规定对采购的食品原料和生产的食品、食品添加剂进行检验时，应该如何处罚？　105

九、当企业生产经营无标签的预包装食品、食品添加剂或者标签、说明书不符合《中华人民共和国食品安全法》规定的食品、食品添加剂时,应当如何处罚? ... 106

十、当食品生产经营者采购或者使用不符合食品安全标准的食品原料、食品添加剂、食品相关产品时,应当如何进行处罚? ... 108

十一、当企业生产经营时用超过保质期的食品原料、食品添加剂生产的食品、食品添加剂,如何进行处罚? ... 110

十二、当企业超范围、超限量使用食品添加剂生产经营食品时,如何处罚? ... 111

十三、当企业在食品生产经营中私自添加药品等非食品原料,危害人体健康,应该如何处罚? ... 111

十四、当企业生产经营转基因食品时未按规定进行标示,应当如何处罚? ... 112

十五、食品生产经营企业在生产过程中未按规定建立食品安全管理制度,或者未按规定配备或者培训、考核食品安全管理人员,应当如何处罚? ... 113

十六、食品、食品添加剂生产经营者进货时未查验许可证和相关证明文件,或者未按规定建立并遵守进货查验记录、出厂检验记录和销售记录制度,应当如何处罚? ... 114

十七、食品生产经营者在生产过程中安排未取得健康证明或者患有国务院卫生行政部门规定的有碍食品安全疾病的人员从事接触直接入口食品的工作时,应当如何处罚? ... 117

十八、当食品生产经营者未定期对食品安全状况进行 118
　　　检查评价，或者生产经营条件发生变化，未按
　　　规定处理时，应当如何处罚？

十九、当食品生产经营者未按要求进行食品贮存、运 118
　　　输和装卸时，应当如何处罚？

二十、当保健食品生产企业未按规定向食品安全监督 120
　　　管理部门备案，或者未按备案的产品配方、生
　　　产工艺等技术要求组织生产时，应当如何处罚？

二十一、食品生产经营者生产经营的食品符合食品安 121
　　　　全标准但不符合食品所标注的企业标准规定
　　　　的如何处罚？

附　录　　　　　　　　　　　　　　　　　　*123*

附录 1　政策法规目录　　　　　　　　　125
附录 2　各食品类别生产许可审查细则目录　　126
附录 3　标准目录　　　　　　　　　　　　131
附录 4　食品信息资源平台目录　　　　　　135
附录 5　按照传统既是食品又是中药材的物质公告及 137
　　　　目录

第一篇

政策篇

一、食品委托生产关系中法律责任由委托方还是生产方负责？

委托生产食品的责任划分，通常按照《中华人民共和国食品安全法实施条例》第二十一条的规定执行。《中华人民共和国食品安全法实施条例》第二十一条规定，食品、食品添加剂生产经营者委托生产食品、食品添加剂的，应当委托取得食品生产许可、食品添加剂生产许可的生产者生产，并对其生产行为进行监督，对委托生产的食品、食品添加剂的安全负责。受托方应当依照法律、法规、食品安全标准以及合同约定进行生产，对生产行为负责，并接受委托方的监督。（食品生产安全监督管理司 2023-05-08）

二、食品生产企业更换名称，旧包材是否可以继续使用？

本着节约资源、合理使用的原则，同一市场主体在企业名称变更后，新旧包装混合使用的过渡期为 6 个月，自食品生产者企业名称变更之日起计算。（食品生产安全监督管理司 2023-05-08）

三、关于食品生产者地址变更后，旧版标签是否能继续使用？

食品生产者地址变更后应依法申请食品生产许可变更。变更完成后，本着节约、合理使用的原则，旧标签原则上可以继续使用，并应尽快使用完毕；使用期限需向当地省级市场监管部门申请批准。（食品生产安全监督管理司 2019-05-07）

四、食品生产企业实施自检需要获得检验资质吗？

食品生产企业可以设立检验实验室，对生产的食品自行实施出厂检验。出厂检验的设备设施、人员管理、检验操作应符合相关法律法规和标准的要求。（食品生产安全监督管理司 2023-04-06）

五、乳制品生产企业出厂检验用快速检测方法是否可行？

按照《企业生产乳制品许可条件审查细则（2010版）》有关规定，企业可以使用经相关部门认定的快速检验设备进行检验，但检验结果呈阳性时，应使用食品安全国家标准检验方法进行确认。（食品生产安全监督管理司 2021-05-11）

六、团体标准可否作为食品生产许可申请依据？

根据《中华人民共和国标准化法》的相关规定，食品生产企业应当按照标准组织生产经营活动，公开其执行的强制性标准、推荐性标准、团体标准或者企业标准的编号和名称。《中华人民共和国食品安全法》规定，食品生产企业可以制定严于食品安全国家标准或者地方标准的企业标准，在本企业适用，并报省、自治区、直辖市人民政府卫生行政部门备案。在符合相关强制性标准的前提下，按照法定程序实施自我声明公开或者备案的标准，均可以作为食品生产者组织生产和申请食品生产许可的依据。（食品生产安全监督管理司 2018-12-24）

七、牛羊肉等产品及牛羊下水的初加工能否申请办理食品生产许可？

依据《中华人民共和国食品安全法》《中华人民共和国农产品质量安全法》《关于冷冻速冻畜禽肉生产许可问题的复函》（食药监办食监一函〔2014〕309号）的规定，经过分割、冷冻（速冻）、包装等简单加工的牛羊肉，该类产品仍为农产品，对该类农产品不实施食品生产许可管理。（食品生产安全监督管理司 2018-12-12）

八、关于声称"无糖"问题，应如何解决？

按照 GB 28050—2011《食品安全国家标准 预包装食品营养标签通则》，含量声称无或不含糖，碳水化合物（糖）含量应

≤0.5 g/100 g（固体）或 100 mL（液体）；含量声称低糖，碳水化合物（糖）含量应≤5 g/100 g（固体）或 100 mL（液体）。（食品安全抽检监测司 2022-09-28）

九、食品生产企业提出复检的时限如何规定？

根据《食品安全抽样检验管理办法》（国家市场监督管理总局令第 15 号）第三十七条有关规定，对抽样过程有异议的，申请人应当在抽样完成后 7 个工作日内，向实施监督抽检的市场监督管理部门提出书面申请，并提交相关证明材料。对样品真实性、检验方法、标准适用等事项有异议的，申请人应当自收到不合格结论通知之日起 7 个工作日内，向组织实施监督抽检的市场监督管理部门提出书面申请，并提交相关证明材料。（食品安全抽检监测司 2021-09-01）

十、食品标识上明示的保质期与执行标准的保质期不一致是否违法？

食品的保质期应当由食品生产者结合产品特性、生产过程、包装、贮存条件等情况自行确定。如果食品生产者有充分证据证明在延长的保质期内符合食品安全标准以及食品执行标准所规定的技术要求，食品生产者可以自行确定食品保质期。生产不符合强制性标准，或者生产的产品不符合其公开标准的技术要求的，依法承担民事责任。我们希望食品生产者能够依法依规生产、诚实守信经营，建议通过修订执行标准等方式，使食品标识上明示的保质期与执行标准的保质期一致。（食品生产安全监督管理司 2018-12-24）

十一、关于食品生产中食品半成品保质期相关问题

（一）食品保质期是食品生产经营者根据食品原辅料、生产

工艺、包装形式和贮存条件等自行确定，在标明的贮存条件下保证食品质量和食用安全的最短期限。保质期是食品生产经营者对食品质量安全的承诺，保质期一经确定并在包装上标注后，不得随意更改。

（二）根据《中华人民共和国食品安全法》关于食品含义的解释，食品包括各种供人食用或者饮用的成品和原料。食品原料、半成品、成品均应当适用《中华人民共和国食品安全法》的相关规定。

（三）食品生产经营者在食品原料、半成品包装上标注的保质期，应当视为食品的保质期。使用超过保质期的食品原料、半成品作为原料生产加工食品的行为，应当认定为违反《中华人民共和国食品安全法》第三十四条第（三）项的规定。（食品药品监管总局办公厅 2015-09-09）

十二、关于预包装食品保质期计算起点有关问题

根据 GB 7718—2011《食品安全国家标准　预包装食品标签通则》，生产日期是指食品成为最终产品的日期，也包括包装或灌装日期。保质期是指预包装食品在标签指明的贮存条件下，保持品质的期限。在此期限内，产品完全适于销售，并保持标签中不必说明或已经说明的特有品质。食品生产者可选择以具体日期或固定时间段的形式标示保质期，保质期应与生产日期具有对应关系。以固定时间段形式标示保质期的，可选择以生产日期或生产日期第二天为保质期计算起点。（国家卫生计生委食品司 2015-04-01）

十三、食品生产申请人提交的许可申请，哪些情况应当组织开展现场核查？

除了《食品生产许可管理办法》规定的首次申请许可应当

进行现场核查外,《食品生产许可审查通则(2022版)》第十五条还明确了需要开展现场核查的其他6种情形:

(一)申请食品生产许可情形的,包括非因不可抗力原因食品生产许可证有效期届满后提出食品生产许可申请的,生产场所迁址后重新申请食品生产许可的,生产条件发生重大变化后需要重新申请食品生产许可的;

(二)变更食品生产许可情形且可能影响食品安全的,包括现有设备布局和工艺流程发生变化的,主要生产设备设施发生变化的,生产的食品类别发生变化的,生产场所改建、扩建的,其他生产条件或生产场所周边环境发生变化且可能影响食品安全的;

(三)属于延续食品生产许可情形的,且生产条件或周边环境发生变化,可能影响食品安全的;

(四)需要对申请材料内容、食品类别、与相关审查细则及执行标准要求相符情况进行核实的;

(五)因食品安全国家标准发生重大变化,国家和省级市场监督管理部门决定组织重新核查的;

(六)法律、法规和规章规定需要实施现场核查的其他情形。

十四、对进口的预包装食品有何规定?

《中华人民共和国食品安全法》第九十七条规定,进口的预包装食品、食品添加剂应当有中文标签;依法应当有说明书的,还应当有中文说明书。标签、说明书应当符合本法以及我国其他有关法律、行政法规的规定和食品安全国家标准的要求,并载明食品的原产地以及境内代理商的名称、地址、联系方式。预包装食品没有中文标签、中文说明书或者标签、说明书不符合本条规定的,不得进口。

十五、哪些食品禁止生产经营?

《中华人民共和国食品安全法》第三十四条规定,禁止生产经营下列食品、食品添加剂、食品相关产品：

（一）用非食品原料生产的食品或者添加食品添加剂以外的化学物质和其他可能危害人体健康物质的食品，或者用回收食品作为原料生产的食品；

（二）致病性微生物，农药残留、兽药残留、生物毒素、重金属等污染物质以及其他危害人体健康的物质含量超过食品安全标准限量的食品、食品添加剂、食品相关产品；

（三）用超过保质期的食品原料、食品添加剂生产的食品、食品添加剂；

（四）超范围、超限量使用食品添加剂的食品；

（五）营养成分不符合食品安全标准的专供婴幼儿和其他特定人群的主辅食品；

（六）腐败变质、油脂酸败、霉变生虫、污秽不洁、混有异物、掺假掺杂或者感官性状异常的食品、食品添加剂；

（七）病死、毒死或者死因不明的禽、畜、兽、水产动物肉类及其制品；

（八）未按规定进行检疫或者检疫不合格的肉类，或者未经检验或者检验不合格的肉类制品；

（九）被包装材料、容器、运输工具等污染的食品、食品添加剂；

（十）标注虚假生产日期、保质期或者超过保质期的食品、食品添加剂；

（十一）无标签的预包装食品、食品添加剂；

（十二）国家为防病等特殊需要明令禁止生产经营的食品；

（十三）其他不符合法律、法规或者食品安全标准的食品、食品添加剂、食品相关产品。

第二篇

条件篇

一、在依法配备食品安全员的基础上,哪些食品生产经营企业、集中用餐单位的食堂应当配备食品安全总监?

依据《企业落实食品安全主体责任监督管理规定》,下列企业应当配备食品安全总监:

(一)特殊食品生产企业;

(二)大中型食品生产企业;

(三)大中型餐饮服务企业、连锁餐饮企业总部;

(四)大中型食品销售企业、连锁销售企业总部;

(五)用餐人数 300 人以上的托幼机构食堂、用餐人数 500 人以上的学校食堂,以及用餐人数或者供餐人数超过 1 000 人的单位。

县级以上地方市场监督管理部门应当结合本地区实际,指导本辖区具备条件的企业配备食品安全总监。

二、食品生产中允许分装的行为有哪些?食品生产企业分装的食品有无特别标识的规定?

依据各食品单元生产许可审查细则要求,以下品类允许分装:

(一)粮食加工品:大米、其他粮食加工品(谷物加工品、谷物碾磨加工品);

(二)食用油、油脂及其制品:食用植物油;

(三)调味品:味精;

(四)方便食品:其他方便食品(纯麦片允许);

(五)糖果制品:糖果、巧克力及巧克力制品、代可可脂巧克力及代可可脂巧克力制品;

(六)茶叶及相关制品:茶叶(边销茶除外)、代用茶;

(七)蔬菜制品:蔬菜干制品、食用菌制品;

(八)水果制品:蜜饯、水果制品;

(九)炒货食品及坚果制品:炒货食品及坚果制品;

(十)可可及焙烤咖啡产品:焙炒咖啡;

（十一）食糖：糖；

（十二）水产制品：干制水产品、盐渍水产品、熟制水产品（仅干制品允许分装）；

（十三）淀粉及淀粉制品：淀粉、淀粉糖；

（十四）豆制品：腐竹；

（十五）蜂产品：蜂花粉；

（十六）食品添加剂：食品添加剂、食品用香精、复配食品添加剂（具体需咨询当地监管部门）。

国家质检总局发布的《食品标识管理规定（2009年修订本）》中提到（四）分装食品应当标注分装者的名称及地址，并注明分装字样。

三、食品生产企业产品出厂有什么要求？

《中华人民共和国食品安全法》第五十一条规定，食品生产企业应当建立食品出厂检验记录制度，查验出厂食品的检验合格证和安全状况，如实记录食品的名称、规格、数量、生产日期或者生产批号、保质期、检验合格证号、销售日期以及购货者名称、地址、联系方式等内容，并保存相关凭证。记录和凭证保存期限应当符合本法第五十条第二款的规定，记录和凭证保存期限不得少于产品保质期满后六个月；没有明确保质期的，保存期限不得少于二年。

《中华人民共和国食品安全法》第五十二条规定食品、食品添加剂、食品相关产品的生产者，应当依照食品安全标准对所生产的食品、食品添加剂、食品相关产品进行检验，检验合格后方可出厂或者销售。

四、食品生产企业的设备应满足哪些基本要求？

按照 GB 14881—2013《食品安全国家标准 食品生产通用

卫生规范》的要求，生产企业的设备应满足以下要求：

（一）设备配备与要求

1. 生产设备

（1）生产企业应配备与生产能力相适应的生产设备，并按工艺流程有序排列，避免引起交叉污染。

（2）与原料、半成品、成品接触的设备与用具，应使用无毒、无味、抗腐蚀、不易脱落的材料制作，并应易于清洁和保养。

（3）设备、工器具等与食品接触的表面应使用光滑、无吸收性、易于清洁保养和消毒的材料制成，在正常生产条件下不会与食品、清洁剂和消毒剂发生反应，并应保持完好无损。

（4）所有生产设备应从设计和结构上避免零件、金属碎屑、润滑油、或其他污染因素混入食品，并应易于清洁消毒、易于检查和维护。

（5）设备应不留空隙地固定在墙壁或地板上，或在安装时与地面和墙壁间保留足够空间，以便清洁和维护。

2. 监控设备

用于监测、控制、记录的设备，如压力表、温度计、记录仪等，应定期检定或者校准、维护。

3. 清洁消毒设施

（1）应配备足够的食品、工（器）具和设备的专用清洁设施，必要时应配备适宜的消毒设施。应采取措施避免清洁、消毒工器具带来的交叉污染。

（2）应配备设计合理、防止渗漏、易于清洁的存放废弃物的专用设施；车间内存放废弃物的设施和容器应标识清晰。必要时应在适当地点设置废弃物临时存放设施，并依废弃物特性分类存放。

（3）生产车间入口及车间内必要处，应按需设置换鞋（穿戴鞋套）设施或工作鞋靴消毒设施。如设置工作鞋靴消毒设施，其规格尺寸应能满足消毒需要。

（4）应在清洁作业区入口设置洗手、干手和消毒设施；如有需要，应在作业区内适当位置加设洗手和（或）消毒设施；与消毒设施配套的水龙头其开关应为非手动式。

4. 应采取设置筛网、捕集器、磁铁、金属检查器等有效措施，降低金属或其他异物污染食品的风险。

5. 包装设备

（1）包装设备应选用无毒、无味、抗腐蚀、不易脱落的材料制作，并应易于清洁和保养。

（2）包装设备的结构应设计合理，从设计和结构上避免零件、金属碎屑、润滑油、或其他污染因素混入食品，并应易于清洁消毒、易于检查和维护。

（二）设备的保养和维护，应建立设备保养和维修制度，加强设备的日常维护和保养，定期检修，及时记录。

（三）若产品有相应的生产卫生规范，还应符合其生产卫生规范中关于设备的相应要求。

五、食品生产车间的设计和布局应符合哪些基本要求？

依据 GB 14881—2013《食品安全国家标准 食品生产通用卫生规范》，生产车间的设计和布局应符合以下要求：

（一）厂房和车间的内部设计和布局应满足食品卫生操作要求，避免食品生产中发生交叉污染；

（二）厂房和车间的设计应根据生产工艺合理布局，预防和降低产品受污染的风险；

（三）厂房和车间应根据产品特点、生产工艺、生产特性以及生产过程对清洁程度的要求合理划分作业区，并采取有效分离或分隔。如通常可划分为清洁作业区、准清洁作业区和一般作业区；或清洁作业区和一般作业区等。一般作业区应与其他作业区域分隔；

（四）厂房内设置的检验室应与生产区域分隔；

（五）厂房的面积和空间应与生产能力相适应，便于设备安置、清洁消毒、物料存贮及人员操作。

在实际生产过程中，企业应根据产品特点、工艺流程以及生产设备的不同合理划分作业区。以包装饮用水生产车间为例，其生产车间包括一般作业区（水处理区；仓储区；外包装区；周转容器的检查区）、准清洁作业区［配（投）料区、预包装清洗消毒区等］、清洁作业区（灌装防护区）。若企业采用自带洁净室及洁净环境自动恢复功能的吹瓶、灌装、封盖（封口）一体，且其内部形成清洁环境的设备可不设在清洁作业区。

六、食品生产企业虫害控制应满足什么要求？

依据 GB 14881—2013《食品安全国家标准　食品生产通用卫生规范》，应制定和执行虫害控制措施，并定期检查。生产车间及仓库应采取有效措施（如纱帘、纱网、防鼠板、防蝇灯、风幕等），防止鼠类、昆虫等侵入。若发现有虫鼠害痕迹时，应追查来源，消除隐患。应准确绘制虫害控制平面图，标明捕鼠器、粘鼠板、灭蝇灯、室外诱饵投放点、生化信息素捕杀装置等放置的位置。采用物理、化学或生物制剂进行处理时，不应影响食品安全和食品应有的品质、不应污染食品接触表面、设备、工器具及包装材料。除虫灭害工作应有相应的记录。

七、食品生产企业在产品检验方面应符合哪些要求？

依据 GB 14881—2013《食品安全国家标准　食品生产通用卫生规范》，应通过自行检验或委托具备相应资质的食品检验机构对原料和产品进行检验，建立食品出厂检验记录制度。自行检验应具备与所检项目适应的检验室和检验能力；由检验人员按规定的检验方法检验；检验仪器设备应按期检定或校准。

八、同一物质，既可以作为添加剂，也可以作为加工助剂使用，如何区分？

GB 2760—2024《食品安全国家标准　食品添加剂使用标准》中食品添加剂的定义是为改善食品品质和色、香、味，以及为防腐、保鲜和加工工艺的需要而加入食品中的人工合成或者天然物质。食品用香料、胶基糖果中基础剂物质、食品工业用加工助剂、营养强化剂也包括在内。

食品工业用加工助剂的定义是保证食品加工能顺利进行的各种物质，与食品本身无关。如助滤、澄清、吸附、脱模、脱色、脱皮、提取溶剂、发酵用营养物质等。

以丙二醇为例，丙二醇是一种结构类似于酒精（乙醇）的化学物质，也是一种食品添加剂、加工助剂、食品用合成香料。

按照 GB 2760—2024《食品安全国家标准　食品添加剂使用标准》，丙二醇作为添加剂使用时主要作为稳定剂和凝固剂、抗结剂、消泡剂、乳化剂、水分保持剂、增稠剂。作为加工助剂使用时，丙二醇主要作为冷却剂、提取溶剂用于啤酒加工工艺、提取工艺。丙二醇还被广泛应用于食品用合成香料。

GB 7718—2011《食品安全国家标准　预包装食品标签通则》问答（修订版）中明确加工助剂不需要标示；而添加剂应按照 GB 7718—2011《食品安全国家标准　预包装食品标签通则》的要求进行标示。

九、食品生产企业的车间环境有什么要求？

依据 GB 14881—2013《食品安全国家标准　食品生产通用卫生规范》要求，食品生产车间建筑内部结构应易于维护、清洁或消毒。应使用无毒、无味、与生产需求相适应、易于清洁、消毒、易于观察清洁状况的材料建造；若使用涂料，应无毒、无味、防霉、不易脱落、易于清洁。

墙面、隔断在操作高度范围内的墙面应光滑、不易积累污垢且易于清洁。墙壁、隔断和地面交界处应结构合理、易于清洁，能有效避免污垢积存。例如设置漫弯形交界面等。

门窗应闭合严密。清洁作业区和准清洁作业区与其他区域之间的门应能及时关闭。可开启的窗户应装有易于清洁的防虫害窗纱。例如，窗台应具有一定倾斜度，防止灰尘积聚。企业应定期检查纱窗的完整性，保证其有效性。

地面应平坦防滑、无裂缝、并易于清洁、消毒，并有适当的措施防止积水。车间容易出现地面不平整或排水系统性能不满足要求，易导致积水严重。

十、食品生产企业的选址及厂区环境有什么要求？

依据《中华人民共和国食品安全法》规定食品生产经营除应当符合食品安全标准，还应具有与生产经营的食品品种、数量相适应的食品原料处理和食品加工、包装、贮存等场所，保持该场所环境整洁，并与有毒、有害场所以及其他污染源保持规定的距离。

依据 GB 14881—2013《食品安全国家标准 食品生产通用卫生规范》要求，厂区不应选择对食品有显著污染的区域。如某地对食品安全和食品宜食用性存在明显的不利影响，且无法通过采取措施加以改善，应避免在该地址建厂。厂区绿化应与生产车间保持适当距离，植被应定期维护，以防止虫害的滋生。宿舍、食堂、职工娱乐设施等生活区应与生产区保持适当距离或分隔。

厂址与污染源的距离应符合相关法规、产品卫生规范和产品审核细则的要求。

《餐饮业和集体用餐配送单位卫生规范》第五条选址卫生要求应距离粪坑、污水池、垃圾场（站）、旱厕等污染源25米以上，并应设置在粉尘、有害气体、放射性物质和其他扩散性污染源的影响范围之外。

《茶叶生产许可证审查细则（2006版）》中要求生产场所应离开垃圾场、畜牧场、医院、粪池50米以上，离开经常喷施农药的农田100米以上，远离排放"三废"的工业企业。

GB 8957—2016《食品安全国家标准　糕点、面包卫生规范》要求设置在超市、商店、市场内的饼店（面包坊），应距离畜禽产品、水产品销售或加工场所10米以上，难以避开时应设计必要的防范措施。

十一、食品原料、半成品、成品、包装材料等可以在同一仓库存放吗？

依据GB 14881—2013，原料、半成品、成品、包装材料等应依据性质的不同分设贮存场所或分区域码放，并有明确标识，防止交叉污染。必要时仓库应设有温、湿度控制设施。

清洁剂、消毒剂、杀虫剂、润滑剂、燃料等物质应分别安全包装，明确标识，并应与原料、半成品、成品、包装材料等分隔放置。

《肉制品生产许可审查细则（2023版）》第二十二条规定原料仓库、成品仓库应分开设置，不得直接相通。畜、禽产品应设专库存放。内、外包装材料应分区存放。

因此，应根据各个产品的卫生规范、审查细则等标准文件的规定合理设置原辅料仓库的数量和布局。

十二、食品生产过程中是否可以使用药品作为添加剂？

不可以。《中华人民共和国食品安全法》第三十八条规定，生产经营的食品中不得添加药品，但是可以添加按照传统既是食品又是中药材的物质。按照传统既是食品又是中药材的物质目录由国务院卫生行政部门会同国务院食品安全监督管理部门制定、公布。

十三、哪些预包装食品可以豁免强制标示营养标签？

依据 GB 28050—2011《食品安全国家标准 预包装食品营养标签通则》要求，下列预包装食品豁免强制标示营养标签：

（一）生鲜食品，如包装的生肉、生鱼、生蔬菜和水果、禽蛋等；

（二）乙醇含量≥0.5% 的饮料酒类；

（三）包装总表面积≤100 cm² 或最大表面面积≤20 cm² 的食品；

（四）现制现售的食品；

（五）包装的饮用水；

（六）每日食用量≤10 g 或 10 mL 的预包装食品；

（七）其他法律法规标准规定可以不标示营养标签的预包装食品。

豁免强制标示营养标签的预包装食品，如果在其包装上出现任何营养信息时，应按照 GB 28050—2011 执行。

十四、食品生产企业应当在哪些环节制定并实施控制要求？

《中华人民共和国食品安全法》第四十六条规定，食品生产企业应当就下列事项制定并实施控制要求，保证所生产的食品符合食品安全标准：

（一）原料采购、原料验收、投料等原料控制；

（二）生产工序、设备、贮存、包装等生产关键环节控制；

（三）原料检验、半成品检验、成品出厂检验等检验控制；

（四）运输和交付控制。

十五、委托加工可以用委托方制定的企业标准吗？

可以使用，但应符合《山东省食品安全企业标准备案实施细则》中第五条规定：委托加工或者授权制造的食品，委托方或者授权方已经备案的企业标准，受托方或者被授权方无须重复备案，但委托方或者授权方在备案时，应当注明受托方或者被授权方的名称及地址，委托方或者授权方无相关企业标准的，以及受托方或者被授权方不执行委托方或者授权方标准的，受托方或者被授权方应当制定企业标准，并按照规定备案。

十六、哪些产品属于食用农产品？食用农产品经营需要办理《食品经营许可证》吗？

《食用农产品市场销售质量安全监督管理办法》第四十九条规定，食用农产品，指来源于种植业、林业、畜牧业和渔业等供人食用的初级产品，即在农业活动中获得的供人食用的植物、动物、微生物及其产品，不包括法律法规禁止食用的野生动物产品及其制品。

不需要。《中华人民共和国食品安全法》第三十五条规定，国家对食品生产经营实行许可制度。从事食品生产、食品销售、餐饮服务，应当依法取得许可。但是，销售食用农产品和仅销售预包装食品的，不需要取得许可。仅销售预包装食品的，应当报所在地县级以上地方人民政府食品安全监督管理部门备案。

第三十六条规定，食品生产加工小作坊和食品摊贩等从事食品生产经营活动，应当符合本法规定的与其生产经营规模、条件相适应的食品安全要求，保证所生产经营的食品卫生、无毒、无害，食品安全监督管理部门应当对其加强监督管理。

第三篇

管理篇

一、食品保质期如何定义？

《中华人民共和国食品安全法》第一百五十条规定，食品保质期，指食品在标明的贮存条件下保持品质的期限。GB 7718—2011《食品安全国家标准 预包装食品标签通则》2.5 将保质期定义为预包装食品在标签指明的贮存条件下，保持品质的期限。在此期限内，产品完全适于销售，并保持标签中不必说明或已经说明的特有品质。中国食品工业协会团体标准 T/CNFIA 001—2017《食品保质期通用指南》规定保质期为食品在既定的温度、湿度、光照等贮存环境参数下保持品质的期限。上述定义大致相同，但略有差异。

二、食品保质期如何确定？

关于食品保质期的确定具有以下原则：一是食品保质期应当限定于特定贮存条件，于既定的温度、湿度、光照等贮存环境下才有参照意义；二是食品在保质期内需保持食品品质，若在既定贮存条件下，食品不能保持食品特有的风味、色泽、气味等品质，则不能认定尚在保质期内。

食品保质期由食品生产经营者根据食品原辅料、生产工艺、包装形式和贮存条件等自行确定，但是还需要以食品科学和技术的基本规律进行确定。根据 T/CNFIA 001—2017《食品保质期通用指南》中保质期的确定，分为一般情形下的保质期确定和特殊情形下的保质期确定。

（一）一般情形下保质期的确定

基本程序包括确定方案、设计试验方法、方案实施、结果分析、确定保质期和保质期验证 6 个步骤。确定保质期主要依据成熟的保质期试验理论和现有的研究成果及资料，具体确定方法主要有以下 3 种。

1. 试验法

基于稳定性的保质期试验确定食品的保质期。其中，基于温度条件的加速破坏性试验可通过计算得到保质期时间或保质期时间范围；长期稳定性试验可通过试验数据观察到食品发生不可接受的品质改变的时间点；基于湿度和光照条件的加速破坏性试验可用于确定某些食品的保质期，也可以辅助观察某些食品或食品中的某些成分在保质期的变化。

2. 文献法

在现有研究成果、文献和执行标准的基础上，结合食品生产、流通过程中可能遇到的情况确定保质期。

3. 参照法

参照或采用已有的相同或类似食品的保质期，规定某食品的保质期和贮存环境参数。

新产品上市前，可采用试验法、文献法或参照法确定保质期。食品上市后，宜通过实际的或模拟实际的贮存、运输、销售等条件下的长期稳定性试验对已经确定的保质期进行验证；必要时，应对保质期进行调整。

（二）特殊情形下保质期的确定

卫生部《关于食品分装加工及分装食品监督管理有关问题的批复》（卫监督发〔2004〕310号）中有提到单纯性分装或添加少量其他成分后分装的定型包装食品的生产日期按分装日期标注；产品保质日期应按被分装食品的原保质日期标注，若添加成分的保质日期比被分装食品的保质日期短，则产品保质日期按添加成分的原保质日期标注。分装食品的保质期确定除了考虑被分装食品和添加成分的原保质日期、还应考虑食品本身特性、分装前食品的贮存和运输条件、分装后的包装材料和包装方式、分装企业的质量控制水平和生产环境条件、分装后贮存环境参数等因素，综合确定。分装后食品的保质期宜通过试验法确定，也可按相同或近似包装材料和包装方式、在相同贮存环境参数下不长于分装前食品保质期的原则，经估算后确定。

已确定为在不同贮存条件环境参数下有不同保质期的食品，在保质期内，当实际贮存条件在既定的环境参数间发生必要的切换时，宜对食品的安全性和质量状况进行评估，必要时确定新的保质期。食品实际执行的保质期短于食品安全标准中规定的食品保质期，实际上对食品质量安全有了更为严格的要求，此种情形是企业对消费者更加负责任的体现。但是，在没有充分依据的前提下，食品生产企业不得随意延长食品保质期。

三、食品保质期的法律适用有哪些？

在食品生产过程中，涉及食品保质期处罚问题有未标注保质期、虚假标注食品保质期、使用超过保质期的原料和食品添加剂、经营超过保质期的食品、散装食品未标注保质期等情形，以下为上述情况的法律适用。

（一）未标注食品保质期的情形。生产经营未标示保质期的预包装食品，属于生产经营标签不符合规定的预包装食品的情形，违反《中华人民共和国食品安全法》第六十七条第一款第（四）项的规定，预包装食品的包装上应当有标签，标签应当标明保质期依照《中华人民共和国食品安全法》第一百二十五条第一款第（二）项进行处罚。

（二）虚假标注食品保质期的情形。生产经营虚假标注保质期的食品、食品添加剂的，违反《中华人民共和国食品安全法》第三十四条第（十）项的规定，标注虚假生产日期、保质期或者超过保质期的食品、食品添加剂，依照《中华人民共和国食品安全法》第一百二十四条第一款第（五）项进行处罚。

（三）使用超过保质期的原料、食品添加剂的情形。用超过保质期的食品原料、食品添加剂生产食品、食品添加剂的，或者经营用超过保质期的食品原料、食品添加剂生产的食品、食品添加剂的，违反《中华人民共和国食品安全法》第三十四条第（三）项的规定，用超过保质期的食品原料、食品添加剂生产的食品、食品添加剂，依照《中华人民共和国食品安全法》第一百二十四条第一款第（二）项进行处罚。

（四）经营超过保质期的食品的情形。经营超过保质期的食品、食品添加剂的，违反《中华人民共和国食品安全法》第三十四条第（十）项的规定，依照《中华人民共和国食品安全法》第一百二十四条第一款第（五）项进行处罚。

（五）散装食品未标注保质期的情形。食品经营者销售散装食品，未在散装食品的容器、外包装上标明食品的保质期的，属于未按规定要求销售食品的情形，违反《中华人民共和国食品安全法》第六十八条的规定，依照《中华人民共和国食品安全法》第一百二十六条第一款第（七）项进行处罚。若查明属于超过保质期的食品，则依照《中华人民共和国食品安全法》第一百二十四条第一款第（五）项进行处罚。

四、食品生产企业文件如何管理？

根据 GB 14881—2013《食品安全国家标准 食品生产通用卫生规范》第十四条记录和文件管理规定进行管理。制定详细的文件管理制度，明确文件分类（如技术文件、管理文件、记录文件等）、管理职责、文件编制、审批、发布、修订、废止、回收和保存期限等流程；文件编制内容需符合相关法律法规要求，包括食品安全法、行业标准、良好操作规范（GMP）、危害分析与关键控制点（HACCP）体系等。文件应当清晰、准确、完整，易于理解和执行，必要时附带示意图或操作指南；所有文件在正式使用前需经过相关人员审核和批准，确保信息正确无误。发布有效的文件版本，并确保所有员工及时获取最新版本，各场所使用的都是当前有效版本。对于作废文件，要及时从工作现场撤除，并做好记录，防止误用；对员工进行有效版本文件管理和使用的培训，确保员工理解并能够正确执行文件规定的内容。

五、食品生产经营企业原有食品安全风险管控工作机制与日管控、周排查、月调度是什么关系？是否需要单独建立日管控、周排查和月调度的工作机制？

食品生产经营企业可以根据生产经营需要，加大管控、排查和调度频次，但不能低于此要求。如果企业已经有类似工作机制的，可以将原有制度与日管控、周排查、月调度工作机制相结合继续执行。如企业的生产经营方式不允许按日、周、月方式划分，也可以结合企业生产经营实际对应建立班次管控、双日排查、双周调度等类似制度，将日常检查、定期排查和定期调度的要求落到实处，确保风险隐患始终在可防可控范围。

六、食品生产经营企业配备食品安全总监、食品安全员等食品安全管理人员的法律依据是什么？食品安全总监和食品安全员是否必须为专职人员？

《中华人民共和国食品安全法》第三十三条、第四十四条对食品生产经营企业配备食品安全管理人员作出要求，食品生产经营企业应当依法配备食品安全专业技术人员、食品安全管理人员。食品安全总监和食品安全员可以为专职或兼职人员。

七、食品留样如何管理？

GB 14881—2013《食品安全国家标准 食品生产通用卫生

规范》9.3规定，应建立产品留样制度，及时保留样品。《食品生产许可审查通则（2022版）》5.3规定应当建立并执行检验管理制度，规定原料检验、过程检验、产品出厂检验以及产品留样的方式及要求，综合考虑产品特性、工艺特点、原料控制等因素明确制定出厂检验项目，保存相关检验和留样记录。《肉制品生产许可审查细则（2023版）》第五十六条规定，每批产品均应有留样，产品留样间应满足产品贮存条件要求，留样数量应满足复检要求，产品留样应保存至保质期满并有记录。对过期产品进行科学处置，如实、完整记录留样及过期产品处置相关信息。GB 31654—2021《食品安全国家标准 餐饮服务通用卫生规范》规定学校（含托幼机构）食堂、养老机构食堂、医疗机构食堂、建筑工地食堂等集中用餐单位的食堂以及中央厨房、集体用餐配送单位、一次性集体聚餐人数超过100人的餐饮服务提供者，应按规定对每餐次或批次的易腐食品成品进行留样。每个品种的留样量应不少于125 g。留样食品应使用清洁的专用容器和专用冷藏设施进行贮存，留样时间应不少于48小时。结合上述要求，在食品生产管理中应建立产品留样制度，生产的产品及购进的重要原材料需每批进行留样。留样包装应与市售品一致，贮存环境温、湿度与产品标签所述一致，留样应贴留样标签，注明品名、规格、留样日期等信息，留样室的温、湿度应予以记录，填写《环境温度湿度记录表》。留样应由专人保管，并建立《产品留样记录表》，定期检查样品的变化情况，如有异常变化记录在《产品留样记录表》中，并进一步验证判断是否需要采取跟踪措施。产品留样数量应满足复检要求，产品留样时间应按照产品保质期少于2年的，保存期限不得少于产品的保质期；产品保质期超过2年的，保存期限不得少于2年。

八、分装食品的标签除遵守 GB 7718—2011《食品安全国家标准　预包装食品标签通则》之外，是否还有特殊规定要求？分装食品的产地是原生产地址还是分装地址？

原国家质量监督检验检疫总局发布的《食品标识管理规定（2009 年修订本）》第八条规定，分装食品应当标注分装者的名称及地址并注明分装字样。

GB 7718—2011《食品安全国家标准　预包装食品标签通则》问答五十条提到，产地指食品的实际生产地址。因此，分装食品的产地为分装地址。

九、法律法规及标准要求食品生产经营人员如何进行卫生管理？

《中华人民共和国食品安全法》第三十三条（八）食品生产经营人员应当保持个人卫生，生产经营食品时，应当将手洗净，穿戴清洁的工作衣、帽等。

GB 14881—2013《食品安全国家标准　食品生产通用卫生规范》6.3.2 食品加工人员卫生要求规定进入食品生产场所前应整理个人卫生，防止污染食品；进入作业区域应规范穿着洁净的工作服，并按要求洗手、消毒；头发应藏于工作帽内或使用发网约束；进入作业区域不应佩戴饰物、手表，不应化妆、染指甲、喷洒香水；不得携带或存放与食品生产无关的个人用品；使用卫生间、接触可能污染食品的物品或从事与食品生产无关的其他活动后，再次从事接触食品、食品工器具、食品设备等与食品生产相关的活动前应洗手消毒。

GB 31621—2014《食品安全国家标准　食品经营过程卫生规范》8 卫生管理规定食品经营人员应符合国家相关规定对人

员健康的要求，进入经营场所应保持个人卫生和衣帽整洁，防止污染食品；使用卫生间、接触可能污染食品的物品后，再次从事接触食品、食品工具、容器、食品设备、包装材料等与食品经营相关的活动前，应洗手消毒；在食品经营过程中，不应饮食、吸烟、随地吐痰、乱扔废弃物等；接触直接入口或不需清洗即可加工的散装食品时应戴口罩、手套和帽子，头发不应外露。

十、预包装食品营养标签强制标示的内容包括哪些内容？如何计算？

预包装食品营养标签强制标示的内容包括能量、核心营养素（蛋白质、脂肪、碳水化合物和钠）的含量值及其占营养素参考值（NRV）的百分比。

能量：能量 =（蛋白质 ×17+ 脂肪 ×37+ 碳水化合物 ×17）（主要）+ 膳食纤维 ×8（包括膳食纤维的单体成分，如不消化的低聚糖、不消化淀粉、抗性糊精等，也按照 8 kJ/g 折算）+ 乙醇（酒精）×29+ 有机酸 ×13。

蛋白质：蛋白质（g/100 g）= 总氮量（g/100 g）× 蛋白质折算系数。（常见食物中蛋白质折算系数详见 GB 5009.5—2016《食品安全国家标准 食品中蛋白质的测定》，对于含有 2 种或 2 种以上蛋白质来源的加工食品，统一使用折算系数 6.25）检测方法：GB 5009.5—2016《食品安全国家标准 食品中蛋白质的测定》。

脂肪：脂肪的含量可通过测定粗脂肪或总脂肪获得。检测方法：GB 5009.6—2016《食品安全国家标准 食品中脂肪的测定》。

碳水化合物：（1）减法：以食品总质量为 100，减去蛋白质、脂肪、水分、灰分和膳食纤维的质量，称为可利用碳水化合物；或以食品总质量为100，减去蛋白质、脂肪、水分、灰分的质量，称为总碳水化合物，在标签上，上述两者均以"碳水化合物"标示；（2）加法：以淀粉和糖的总和为碳水化合物。

钠：食品中以各种化合物形式存在的钠的总和。检测方法：GB 5009.91—2017《食品安全国家标准 食品中钾、钠的测定》。

十一、现行有效的审查细则版本是什么？目前哪些食品、食品添加剂类别已制定食品安全国家标准卫生规范？

食品、食品添加剂类别	类别编号	类别名称	审查细则	生产卫生规范/良好生产规范
粮食加工品	101	小麦粉	《小麦粉生产许可证审查细则（2005版）》（国质检监〔2005〕15号）、《关于发布食品生产许可证审查细则修改单的通知》（国质检监函〔2005〕776号）	GB 13122—2016《食品安全国家标准 谷物加工卫生规范》
	102	大米	《大米生产许可证审查细则（2005版）》（国质检监〔2005〕15号）、《关于发布食品生产许可证审查细则修改单的通知》（国质检监函〔2005〕776号）	
	103	挂面	《挂面生产许可证审查细则（2006版）》（国质检食监〔2006〕365号）	
	104	其他粮食加工品	《其他粮食加工品生产许可证审查细则（2006版）》（国质检食监〔2006〕646号）	

（续表）

食品、食品添加剂类别	类别编号	类别名称	审查细则	生产卫生规范/良好生产规范
食用油、油脂及其制品	201	食用植物油	《食用植物油生产许可证审查细则（2006版）》（国质检食监〔2006〕646号）	GB 8955—2016《食品安全国家标准 食用植物油及其制品生产卫生规范》
	202	食用油脂制品	《食用油脂制品生产许可证审查细则（2006版）》（国质检食监〔2006〕646号）	—
	203	食用动物油脂	《食用动物油脂生产许可证审查细则（2006版）》（国质检食监〔2006〕646号）	—
调味品	301	酱油	《酱油生产许可证实施细则（2005版）》（国质检监〔2005〕15号）	GB 8953—2018《食品安全国家标准 酱油生产卫生规范》
	302	食醋	《食醋生产许可证实施细则（2005版）》（国质检监〔2005〕15号）	GB 8954—2016《食品安全国家标准 食醋生产卫生规范》
	303	味精	《味精生产许可证实施细则（2005版）》（国质检监〔2005〕15号）	—
	304	酱类	《酱类生产许可证审查细则（2006版）》（国质检食监〔2006〕365号）	—
	305	调味料	《鸡精调味料生产许可证审查细则（2006版）》（国质检食监〔2006〕365号）《调味料产品生产许可证审查细则（2006版）》（国质检食监〔2006〕646号）	—
	306	食盐	—	

（续表）

食品、食品添加剂类别	类别编号	类别名称	审查细则	生产卫生规范/良好生产规范
肉制品	401	热加工熟肉制品	《肉制品生产许可审查细则（2023版）》（国家市场监督管理总局公告〔2023〕第34号）	GB 19303—2023《食品安全国家标准 熟肉制品生产卫生规范》
肉制品	402	发酵肉制品		—
肉制品	403	预制调理肉制品		—
肉制品	404	腌腊肉制品		—
乳制品	501	液体乳	《企业生产乳制品许可条件审查细则（2010版）》（国家市场监督管理总局2010年第119号附件）、《市场监管总局办公厅关于明确再制干酪和干酪制品生产许可有关事项的通知》（市监食生函〔2022〕1705号）	
乳制品	502	乳粉		
乳制品	503	其他乳制品		
饮料	601	包装饮用水	国家市场监督管理总局关于发布《饮料生产许可审查细则（2017版）》的公告（2017年第166号）	GB 19304—2018《食品安全国家标准 包装饮用水生产卫生规范》
饮料	602	碳酸饮料（汽水）		GB 12695—2016《食品安全国家标准 饮料生产卫生规范》

（续表）

食品、食品添加剂类别	类别编号	类别名称	审查细则	生产卫生规范/良好生产规范
饮料	603	茶类饮料	国家市场监督管理总局关于发布《饮料生产许可审查细则（2017版）》的公告（2017年第166号）	GB 12695—2016《食品安全国家标准 饮料生产卫生规范》
	604	果蔬汁类及其饮料		
	605	蛋白饮料		
	606	固体饮料		
	607	其他饮料		
方便食品	701	方便面	《方便面生产许可证审查细则（2006年版）》（国质检食监〔2005〕15号）	—
	702	其他方便食品	《其他方便食品生产许可证审查细则（2006版）》（国质检食监〔2006〕646号）	—
	703	调味面制品	—	—
饼干	801	饼干	《饼干生产许可证审查细则（2005版）》（国质检〔2005〕15号）、《关于发布食品生产许可证审查细则修改单的通知》（国质检监函〔2005〕776号）	—
罐头	901	畜禽水产罐头	《罐头食品生产许可证审查细则（2006版）》（国质检食监〔2006〕646号）	GB 8950—2016《食品安全国家标准 罐头食品生产卫生规范》

（续表）

食品、食品添加剂类别	类别编号	类别名称	审查细则	生产卫生规范/良好生产规范
罐头	902	果蔬罐头	《罐头食品生产许可证审查细则（2006版）》（国质检食监〔2006〕646号）	GB 8950—2016《食品安全国家标准 罐头食品生产卫生规范》
	903	其他罐头		
冷冻饮品	1001	冷冻饮品	《冷冻饮品生产许可证审查细则（2005版）》（国质检食监〔2005〕15号）	—
速冻食品	1101	速冻面米制品	《速冻食品生产许可证审查细则（2006版）》（国质检食监〔2006〕646号）	GB 31646—2018《食品安全国家标准 速冻食品生产和经营卫生规范》
	1102	速冻调制食品		
	1103	速冻其他食品		
薯类和膨化食品	1201	膨化食品	《膨化食品生产许可证审查细则（2005版）》（国质检食监〔2005〕15号）	GB 17404—2016《食品安全国家标准 膨化食品生产卫生规范》
	1202	薯类食品	《薯类食品生产许可证审查细则（2006版）》（国质检食监〔2006〕646号）	—
糖果制品	1301	糖果	《糖果制品生产许可证审查细则（2004版）》（国质检食监〔2004〕557号）	GB 17403—2016《食品安全国家标准 糖果巧克力生产卫生规范》
	1302	巧克力及巧克力制品	《巧克力及巧克力制品生产许可证审查细则（2006版）》（国质检食监〔2006〕646号）	

（续表）

食品、食品添加剂类别	类别编号	类别名称	审查细则	生产卫生规范/良好生产规范
糖果制品	1303	代可可脂巧克力及代可可脂巧克力制品	《巧克力及巧克力制品生产许可证审查细则（2006版）》（国质检食监〔2006〕646号）	GB 17403—2016《食品安全国家标准 糖果巧克力生产卫生规范》
	1304	果冻	《果冻生产许可证审查细则（2006版）》（国质检食监〔2006〕365号）	—
茶叶及相关制品	1401	茶叶	《茶叶生产许可证审查细则（2006版）》（国质检食监函〔2006〕462号）	—
	1402	茶制品	《含茶制品和代用茶生产许可证审查细则（2006版）》（国质检食监〔2006〕646号）	—
	1403	调味茶		—
	1404	代用茶		—
酒类	1501	白酒	《白酒生产许可证审查细则（2006版）》（国质检食监〔2006〕428号）	GB 8951—2016《食品安全国家标准 蒸馏酒及其配制酒生产卫生规范》
	1502	葡萄酒及果酒	《葡萄酒及果酒生产许可证审查细则（2004版）》（国质检监〔2004〕557号）	GB 12696—2016《食品安全国家标准 发酵酒及其配制酒生产卫生规范》
	1503	啤酒	《啤酒生产许可证审查细则（2004版）》（国质检监〔2004〕557号）	GB 8952—2016《食品安全国家标准 啤酒生产卫生规范》

（续表）

食品、食品添加剂类别	类别编号	类别名称	审查细则	生产卫生规范/良好生产规范
酒类	1504	黄酒	《黄酒生产许可证审查细则（2004版）》（国质检监〔2004〕557号）	—
	1505	其他酒	《其他酒生产许可证审查细则（2006版）》（国质检食监〔2006〕646号）	—
	1506	食用酒精	国家质量监督检验检疫总局关于发布《食用酒精产品生产许可证换（发）证实施细则》及检验单位的通知（全许办〔2004〕09号）	—
蔬菜制品	1601	酱腌菜	《酱腌菜生产许可证审查细则（2004版）》（国质检监〔2004〕557号）	—
	1602	蔬菜干制品	《蔬菜干制品生产许可证审查细则（2006版）》（国质检食监〔2006〕646号）	—
	1603	食用菌制品	《食用菌制品生产许可证审查细则（2006版）》（国质检食监〔2006〕646号）	—
	1604	其他蔬菜制品	—	—
水果制品	1701	蜜饯	《蜜饯生产许可证审查细则（2004版）》（国质检监〔2004〕557号）	GB 8956—2016《食品安全国家标准 蜜饯生产卫生规范》
	1702	水果制品	《水果制品生产许可证审查细则（2006版）》（国质检食监〔2006〕646号）	—

（续表）

食品、食品添加剂类别	类别编号	类别名称	审查细则	生产卫生规范/良好生产规范
炒货食品及坚果制品	1801	炒货食品及坚果制品	《炒货食品及坚果制品生产许可证审查细则（2006版）》（国质检食监〔2006〕646号）	—
蛋制品	1901	蛋制品	《蛋制品生产许可证审查细则（2006版）》（国质检食监〔2006〕646号）	GB 21710—2016《食品安全国家标准 蛋与蛋制品生产卫生规范》
可可及焙烤咖啡产品	2001	可可制品	《可可制品生产许可证审查细则（2004版）》（国质检监〔2004〕557号）	—
可可及焙烤咖啡产品	2002	焙炒咖啡	《焙炒咖啡生产许可证审查细则（2004版）》（国质检监〔2004〕557号）	—
食糖	2101	糖	《糖生产许可证审查细则（2006版）》（国质检食监〔2006〕646号）	—
水产制品	2201	干制水产品	《干制水产品生产许可证审查细则（2004版）》（国质检监〔2004〕557号）	GB 20941—2016《食品安全国家标准 水产制品生产卫生规范》
水产制品	2202	盐渍水产品	《盐渍水产品生产许可证审查细则（2004版）》（国质检监〔2004〕557号）	GB 20941—2016《食品安全国家标准 水产制品生产卫生规范》
水产制品	2203	鱼糜及鱼糜制品	《鱼糜制品生产许可证审查细则（2004版）》（国质检监〔2004〕557号）	GB 20941—2016《食品安全国家标准 水产制品生产卫生规范》
水产制品	2204	冷冻水产制品	—	GB 20941—2016《食品安全国家标准 水产制品生产卫生规范》
水产制品	2205	熟制水产品	—	GB 20941—2016《食品安全国家标准 水产制品生产卫生规范》

（续表）

食品、食品添加剂类别	类别编号	类别名称	审查细则	生产卫生规范/良好生产规范
水产制品	2206	生食水产品	《其他水产加工品生产许可证审查细则（2006版）》（国质检食监〔2006〕646号）	GB 20941—2016《食品安全国家标准 水产制品生产卫生规范》
	2207	其他水产品		
淀粉及淀粉制品	2301	淀粉及淀粉制品	《淀粉及淀粉制品生产许可证审查细则（2004版）》（国质检监〔2004〕557号）	—
	2302	淀粉糖	《淀粉糖生产许可证审查细则（2006版）》（国质检食监〔2006〕646号）	—
糕点	2401	热加工糕点	《糕点生产许可证审查细则（2006版）》（国质检食监〔2006〕365号）	GB 8957—2016《食品安全国家标准 糕点、面包卫生规范》
	2402	冷加工糕点		
	2403	食品馅料		
豆制品	2501	豆制品	《豆制品生产许可证审查细则（2006版）》（国质检食监〔2006〕365号）、《其他豆制品生产许可证审查细则（2006版）》（国质检食监〔2006〕646号）	—
蜂产品	2601	蜂蜜	国家市场监督管理总局关于公布《蜂产品生产许可审查细则（2022版）》的公告（2022年第10号）	—
	2602	蜂王浆（含蜂王浆冻干品）		—
	2603	蜂花粉		—
	2604	蜂产品制品		—

（续表）

食品、食品添加剂类别	类别编号	类别名称	审查细则	生产卫生规范/良好生产规范
保健食品	2701	片剂	《国家食品药品监督管理总局关于印发保健食品生产许可审查细则的通知》（食药监食监三〔2016〕151号）	GB 17405—1998《保健食品良好生产规范》
	2702	粉剂		
	2703	颗粒剂		
	2704	茶剂		
	2705	硬胶囊剂		
	2706	软胶囊剂		
	2707	口服液		
	2708	丸剂		
	2709	膏剂		
	2710	饮料		
	2711	酒剂		
	2712	饼干类		
	2713	糖果类		
	2714	糕点类		
	2715	液体乳类		
	2716	原料提取物		
	2717	复配营养素		
	2718	其他类别		

（续表）

食品、食品添加剂类别	类别编号	类别名称	审查细则	生产卫生规范/良好生产规范
特殊医学用途配方食品	2801	特殊医学用途配方食品	市场监管总局关于发布《特殊医学用途配方食品生产许可审查细则》的公告（2019年第5号）	GB 29923—2023《食品安全国家标准 特殊医学用途配方食品良好生产规范》
	2802	特殊医学用途婴儿配方食品		—
婴幼儿配方食品	2901	婴幼儿配方乳粉	市场监管总局关于发布《婴幼儿配方乳粉生产许可审查细则（2022版）》的公告（2022年第38号）	GB 23790—2023《食品安全国家标准 婴幼儿配方食品良好生产规范》
特殊膳食食品	3001	婴幼儿谷类辅助食品	国家食品药品监督管理总局关于发布《婴幼儿辅助食品生产许可审查细则（2017版）》的公告（2017年第4号）	—
	3002	婴幼儿罐装辅助食品		—
	3003	其他特殊膳食食品	—	—
其他食品	3101	其他食品	《食品生产许可审查通则（2022版）》国家市场监督管理总局公告（2022年第33号）及具体产品执行标准	—

（续表）

食品、食品添加剂类别	类别编号	类别名称	审查细则	生产卫生规范/良好生产规范
其他食品	3101	其他食品	《山东省冷藏预制调理食品生产许可审查方案（试行）》鲁市监食生规字〔2023〕15号	—
食品添加剂	3201	食品添加剂	国家市场监督管理总局关于发布《食品生产许可审查通则（2022版）》的公告（2022年第33号）及具体产品执行标准	GB 31647—2018《食品安全国家标准 食品添加剂生产通用卫生规范》

十二、特殊食品、保健食品、特殊医学用途配方食品、食用农产品如何定义？

（一）特殊食品：根据《中华人民共和国食品安全法》及《中华人民共和国食品安全法实施条例》的定义，特殊食品包括保健食品、特殊医学用途配方食品、婴幼儿配方食品等。

（二）保健食品：GB 16740—2014《食品安全国家标准 保健食品》2.1中将保健食品定义为声称并具有特定保健功能或者以补充维生素、矿物质为目的的食品。即适用于特定人群食用，具有调节机体功能，不以治疗疾病为目的，并且对人体不产生任何急性、亚急性或慢性危害的食品。

（三）特殊医学用途配方食品：GB 29922—2013《食品安全国家标准 特殊医学用途配方食品通则》2.1中将特殊医学用途配方食品定义为为了满足进食受限、消化吸收障碍、代谢紊乱或特定疾病状态人群对营养素或膳食的特殊需要，专门加工配制而成的配方食品。该类产品必须在医生或临床营养师指导下，单独食用或与其他食品配合食用。

（四）食用农产品：根据《中华人民共和国农产品质量安全法》的定义，食用农产品是指来源于种植业、林业、畜牧业和渔业等的初级产品，即在农业活动中获得的植物、动物、微生物及其产品。

十三、什么是"豁免标示"？

豁免意味着不强制要求标示，企业可以选择是否标示。如果相应的条件发生改变时，可能豁免的标识也会成为强制标识内容。如 GB 28050—2011 标准豁免营养成分表标识的部分产品，如果出现有相应的营养声称或强调等任何营养信息时，也需要标识相应的营养成分表。此时就意味着不再豁免相应的营养成分表标识。

十四、预包装食品标签豁免标示内容汇总

（一）豁免标示保质期的预包装食品包括：酒精度≥10%的饮料酒；食醋；食用盐；固态食糖类（包括白砂糖、绵白糖、红糖和冰糖等，不包括糖果）；味精。

（二）豁免标示营养标签的预包装食品包括：生鲜食品（如包装的生肉、生鱼、生蔬菜和水果、禽蛋等，也包括未添加其他配料的干制品类，如干蘑菇、木耳、干水果、干蔬菜等）；乙醇含量≥0.5%的饮料酒类；包装总表面积≤100 cm^2 或最大表面积≤20 cm^2 的食品（重复使用玻璃瓶包装的食品，如果无法在瓶身印刷信息，可免于标示营养标签）；现制现售的食品（不包括食品加工企业集中生产加工、配送到商场、超市、连锁店、零售店等销售的预包装食品）；包装的饮用水；每日食用量≤10 g 或 10 mL 的预包装食品［包括调味品如味精、食醋等；甜味料如食糖、淀粉糖、花粉、餐桌甜味料、调味糖浆等；香辛料如花椒、大料、辣椒等单一原料香辛料和五香粉、咖喱粉

等多种香辛料混合物；可食用比例较小的食品如茶叶（包括袋泡茶）、胶基糖果、咖啡豆、研磨咖啡粉等；其他如酵母、食用淀粉等］。

但以下情形，不可豁免标示营养标签：标签中有任何营养信息（如"蛋白质≥3.3%"等）；使用了营养强化剂、氢化和（或）部分氢化植物油；标签中有营养声称或营养成分功能声称等情况。

（三）豁免标示产地：如果生产者的地址就是产品的实际产地，或者生产者与承担法律责任者在同一地市级地域，可豁免标示"产地"项。

但以下情况应同时标示"产地"项：一是由集团公司的分公司或生产基地生产的产品，仅标示承担法律责任的集团公司的名称、地址时，应同时用"产地"项标示实际生产该产品的分公司或生产基地所在地域；二是委托其他企业生产的产品，仅标示委托企业的名称和地址时，应用"产地"项标示受委托企业所在地域。

（四）其他豁免标示情形

1.进口预包装食品

进口预包装食品必须标示原产国或原产地区的名称，以及在中国依法登记注册的代理商、进口商或经销者的名称、地址和联系方式，豁免标示生产者的名称、地址和联系方式；豁免标示相关产品标准代号和质量（品质）等级。

2.包装物或包装容器的最大表面积小于 $10\ cm^2$ 的预包装食品可以只标示产品名称、净含量、生产者（或经销商）的名称和地址、生产日期和保质期，豁免标示配料表、贮存条件、食品生产许可证编号、产品标准代号等。

3.非直接提供给消费者的预包装食品

非直接提供给消费者的预包装食品可以在标签上标示食品

名称、规格、净含量、生产日期、保质期和贮存条件，豁免标示配料、食品生产许可证编号、产品标准代号等。豁免标示的内容如未在标签上标注，则应在说明书或合同中注明。

十五、法律法规及标准对食品生产经营者的健康要求是什么？

《中华人民共和国食品安全法》第四十五条规定，食品生产经营者应当建立并执行从业人员健康管理制度。患有国务院卫生行政部门规定的有碍食品安全疾病的人员，不得从事接触直接入口食品的工作。从事接触直接入口食品工作的食品生产经营人员应当每年进行健康检查，取得健康证明后方可上岗工作。

国家卫生计生委关于印发有碍食品安全的疾病目录的通知（国卫食品发〔2016〕31号）规定疾病目录为（1）霍乱；（2）细菌性和阿米巴性痢疾；（3）伤寒和副伤寒；（4）病毒性肝炎（甲型、戊型）；（5）活动性肺结核；（6）化脓性或者渗出性皮肤病。

GB 14881—2013《食品安全国家标准　食品生产通用卫生规范》6.3.1食品加工人员健康管理规定应建立并执行食品加工人员健康管理制度；食品加工人员每年应进行健康检查，取得健康证明，上岗前应接受卫生培训；食品加工人员如患有痢疾、伤寒、甲型病毒性肝炎、戊型病毒性肝炎等消化道传染病，以及患有活动性肺结核、化脓性或者渗出性皮肤病等有碍食品安全的疾病，或有明显皮肤损伤未愈合的，应当调整到其他不影响食品安全的工作岗位。

十六、法律法规及标准对食品生产企业食品出厂有什么规定？

《中华人民共和国食品安全法》第五十一条规定，食品生产企业应当建立食品出厂检验记录制度，查验出厂食品的检验合格证和安全状况，并如实记录食品的名称、规格、数量、生产日期或者生产批号、保质期、检验合格证号、销售日期以及购货者名称、地址、联系方式等内容，并保存相关凭证。记录和凭证保存期限应当符合本法第五十条第二款的规定。

《中华人民共和国食品安全法》第五十二条规定，食品、食品添加剂、食品相关产品的生产者，应当依照食品安全标准对所生产的食品、食品添加剂、食品相关产品进行检验，检验合格后方可出厂或者销售。

GB 14881—2013《食品安全国家标准 食品生产通用卫生规范》9 检验规定。（1）应通过自行检验或委托具备相应资质的食品检验机构对原料和产品进行检验，建立食品出厂检验记录制度。（2）自行检验应具备与所检项目适应的检验室和检验能力；由具有相应资质的检验人员按规定的检验方法检验；检验仪器设备应按期检定。（3）检验室应有完善的管理制度，妥善保存各项检验的原始记录和检验报告；应建立产品留样制度，及时保留样品。（4）应综合考虑产品特性、工艺特点、原料控制情况等因素合理确定检验项目和检验频次以有效验证生产过程中的控制措施。净含量、感官要求以及其他容易受生产过程影响而变化的检验项目的检验频次应大于其他检验项目。（5）同一品种不同包装的产品，不受包装规格和包装形式影响的检验项目可以一并检验。

GB 14881—2013《食品安全国家标准 食品生产通用卫生规范》14.1.2 规定食品原料、食品添加剂和食品包装材料等食品相关产品进货查验记录、食品出厂检验记录应由记录和审核人员复核签名，记录内容应完整。保存期限不得少于 2 年。

食品出厂检验项目的设定详见相应产品标准和生产许可证

审查细则。

十七、标准如何分类？

《中华人民共和国标准化法》（主席令第七十八号）（2018年1月1日施行）第二条，标准（含标准样品），是指农业、工业、服务业以及社会事业等领域需要统一的技术要求。标准包括国家标准、行业标准、地方标准、团体标准和企业标准。

国家标准分为强制性标准、推荐性标准，行业标准、地方标准是推荐性标准。强制性标准必须执行，国家鼓励采用推荐性标准。例如：GB/T 1355—2021《小麦粉》、GB/T 40851—2021《食用调和油》。

《中华人民共和国标准化法》（主席令第七十八号）第二十一条，推荐性国家标准、行业标准、地方标准、团体标准、企业标准的技术要求不得低于强制性国家标准的相关技术要求。国家鼓励社会团体、企业制定高于推荐性标准相关技术要求的团体标准、企业标准。

《国家标准管理办法》（国家市场监督管理总局令第59号）（2023年3月1日实施）第三十二条，强制性国家标准由国务院批准发布或者授权批准发布。推荐性国家标准由国务院标准化行政主管部门统一批准、编号，以公告形式发布。

国家标准的代号由大写汉语拼音字母构成。强制性国家标准的代号为"GB"，推荐性国家标准的代号为"GB/T"，国家标准样品的代号为"GSB"。指导性技术文件的代号为"GB/Z"。

国家标准的编号由国家标准的代号、国家标准发布的顺序号和国家标准发布的年份号构成。国家标准样品的编号由国家标准样品的代号、分类目录号、发布顺序号、复制批次号和发布年份号构成。

十八、产品执行标准如何选择？

《中华人民共和国标准化法》（主席令第七十八号）第二条，强制性标准必须执行。国家鼓励采用推荐性标准。

第十八条，国家鼓励学会、协会、商会、联合会、产业技术联盟等社会团体协调相关市场主体共同制定满足市场和创新需要的团体标准，由本团体成员约定采用或者按照本团体的规定供社会自愿采用。

第十九条，企业可以根据需要自行制定企业标准，或者与其他企业联合制定企业标准。

《中华人民共和国食品安全法》第二十九条，对地方特色食品，没有食品安全国家标准的，省、自治区、直辖市人民政府卫生行政部门可以制定并公布食品安全地方标准，报国务院卫生行政部门备案。食品安全国家标准制定后，该地方标准即行废止。

《中华人民共和国标准化法实施条例》（国务院令第53号）第十四条，行业标准由国务院有关行政主管部门编制计划，组织草拟，统一审批、编号、发布，并报国务院标准化行政主管部门备案。行业标准在相应的国家标准实施后，自行废止。但废止的标准通常由标准的归口管理部门以公告的形式予以公布，包括作废的时间。

《市场监管总局关于食品生产执行标准问题的答复意见》（国市监食生函〔2019〕38号）：《中华人民共和国食品安全法》规定，食品生产经营应当符合食品安全国家标准。国家鼓励食品生产企业制定食品安全国家标准或地方标准的企业标准，在本企业适用，并报省、自治区、直辖市人民政府卫生行政部门备案。《中华人民共和国标准化法》规定，企业应当按照标准组织生产经营活动，其生产的产品应该符合企业公开技术标准的要求。根据前述相关规定，企业执行的食品安全标准或备案的企业标准和公开含有技术指标的企业标准,均可作为食品生产者组织生产和申请食品生产许可的依据。

《关于食品安全国家标准有关问题的复函》(国卫办食品函〔2016〕34号):按照国务院工作部署,国家卫生计生委正在开展食品标准清理整合工作。根据2015年12月3日全国人大常委会法制工作委员会协调会议精神,在相关食品安全国家标准发布实施前,现行食用农产品质量安全标准、食品卫生标准、食品质量标准和有关食品的行业标准仍然有效,食品生产经营活动及其监督管理应当按照现行相关标准执行。例如:GB 1351—2023《小麦》。

在食品行业既有质量标准,也有强制的食品卫生标准或食品安全标准。其中,过去由原卫生部颁布的食品卫生标准和《中华人民共和国食品安全法》实施之后颁布的食品安全标准是以保障消费者健康为目的的食品标准;而其他与健康无关,涉及食品质量、等级、规格的标准是以规范行业生产为目的的食品标准。

食品安全标准是食品生产经营者必须遵循的最低要求,是食品能够合法生产、进入消费市场的门槛;其他非食品安全方面的食品标准是食品生产经营者自愿遵守的,可以为组织生产、提高产品品质提供指导,以增加产品的市场竞争力。

十九、产品分类的标准依据有哪些?

序号	产品分类标准
1	GB/T 30645—2014《糕点分类》
2	GB/T 20903—2007《调味品分类》
3	GB/T 23823—2009《糖果分类》
4	GB/T 21725—2017《天然香辛料 分类》
5	GB/T 30766—2014《茶叶分类》
6	GB/T 26604—2011《肉制品分类》

(续表)

序号	产品分类标准
7	GB/T 35886—2018《食糖分类》
8	GB/T 28720—2012《淀粉糖分类通则》
9	GB/T 30590—2014《冷冻饮品分类》
10	GB/T 34262—2017《蛋与蛋制品术语和分类》
11	GB/T 17204—2021《饮料酒术语和分类》
12	GB/T 10784—2020《罐头食品分类》
13	GB/T 8887—2021《淀粉分类》
14	GB/T 41545—2022《水产品及水产加工品分类与名称》
15	SB/T 10029—2012《新鲜蔬菜分类与代码》
16	SC 3001—1989《水产及水产加工品分类与名称》
17	SB/T 10671—2012《坚果炒货食品 分类》
18	SB/T 10173—1993《酱油分类》
19	SB/T 10174—1993《食醋的分类》
20	SB/T 10297—1999《酱腌菜分类》
21	SB/T 10172—1993《酱的分类》
22	SB/T 10687—2012《大豆食品分类》
23	SB/T 10171—1993《腐乳分类》
24	SB/T 10639—2011《蛋与蛋制品分类代码》
25	NY/T 3100—2017《马铃薯主食产品 分类和术语》
26	SC/T 3055—2022《藻类产品分类与名称》
27	NY/T 4330—2023《辣椒制品分类及术语》
28	QB/T 5284—2018《冷冻食品术语与分类》
29	QB/T 5324—2018《酵素产品分类导则》
30	GB/T 20370—2021《酶制剂分类导则》
31	GB/T 32687—2016《氨基酸产品分类导则》
32	GB/T 32099—2015《酵母产品分类导则》
33	GB/T 36760—2018《工具酶术语和分类》

二十、食品制造或加工过程中加入的水在配料表中应如何标示？

（一）GB 7718—2011《食品安全国家标准 预包装食品标签通则》中规定，在食品制造或加工过程中，加入的水应在配料表中标示。如饮料和饮料酒使用水作为配料，需要在配料表中加以标示。在加工过程中已挥发的水或其他挥发性配料不需要标示。如饼干、挂面在制作过程中是用了水作为配料，但水在烘烤过程已经挥发，因此不需要在配料清单中标示"水"。

（二）根据食品制造或加工的具体情况，可以标注为"水""饮用水""生活饮用水"等。在食品制造或加工过程中，加入的水应在配料表中标示。饮用纯净水产品作为以水为主要配料的产品，可根据产品生产的实际情况，在配料表中使用"水""生活饮用水"或"纯净水"等名称标示。

二十一、新旧强制标准更替时，产品应如何执行？

按照《中华人民共和国标准化法》第二十五条规定，不符合强制性标准的产品、服务，不得生产、销售、进口或者提供。需要指出的是，这里提到的强制性标准指的是现行有效的标准。《强制性国家标准管理办法》规定，新强制性国家标准实施后，原强制性国家标准同时废止。也就是说，新强制性标准实施后，意味着原强制性标准就废止了，不再是现行有效标准。新发布的强制性标准都给予了一定的实施过渡期，之所以设定过渡期，既是为企业开展技术改造、顺利过渡到生产满足新标准的产品留出时间，也是为消化已经上市的产品留出时间。因此，新强制性标准实施后，不符合新标准要求的产品，不能再生产、销售、进口。

食品安全产品标准作为一类食品的强制技术要求标准，其制修订对相关的企业来说都有一定的影响，主要涉及标签、指标限量等，甚至也会导致产品执行标准的更换。因此，企业应根据标准变更的具体内容及时更新产品标签及检测指标。

二十二、使用转基因大豆油作为配料的食品标签上是否需要标注转基因信息？

目前涉及普通食品转基因标识管理的法规标准如下。

（一）GB 7718—2011《食品安全国家标准 预包装食品标签通则》4.1.11.2 转基因食品的标示应符合相关法律、法规的规定。

（二）《中华人民共和国食品安全法》。

第六十九条 生产经营转基因食品应当按照规定显著标示。

第一百五十一条 转基因食品和食盐的食品安全管理，本法未作规定的，适用其他法律、行政法规的规定。

（三）《农业转基因生物标识管理办法》（农业部令第 10 号）。

适用范围：列入农业转基因生物标识目录的农业转基因生物；列入标识管理目录并用于销售的农业转基因生物。

在中华人民共和国境内销售列入农业转基因生物标识目录的农业转基因生物，而第一批实施标识管理的农业转基因生物目录：

1. 大豆种子、大豆、大豆粉、大豆油、豆粕；
2. 玉米种子、玉米、玉米油、玉米粉（含税号为 11022000、11031300、11042300 的玉米粉）；
3. 油菜种子、油菜籽、油菜籽油、油菜籽粕；
4. 棉花种子；
5. 番茄种子、鲜番茄、番茄酱。

《农业转基因生物标识管理办法》（农业部令第 10 号）明确了五大类 17 种产品的标识，只有列入目录的产品才需要标示，未列入目录的产品目前暂无要求。当然,随着后续法律法规的修订,目录范围有可能会进行调整,这是需要持续关注的。

因此,使用转基因大豆油作为配料加工食品,按照现行的法律法规,在产品标签上是不需要标注转基因信息的(但是列入农业转基因生物标识管理办法中的五大类17种产品除外;产品执行标准中有明确规定的除外)。另外,对于食用植物油标签有专门的规定:《国家市场监督管理总局　农业农村部　国家卫生健康委员会　关于加强食用植物油标识管理的公告》(2018年第16号)规定,转基因食用植物油应当按照规定在标签、说明书上显著标示。对我国未批准进口用作加工原料且未批准在国内商业化种植,市场上并不存在该种转基因作物及其加工品的,食用植物油标签、说明书不得标注"非转基因"字样。

二十三、预包装食品生产日期和保质期如何确定?

(一)食品生产日期确定的相关法规或标准

产品类型	法规/标准	法规/标准条款规定
预包装食品	GB 7718—2011《食品安全国家标准　预包装食品标签通则》	2.4 生产日期(制造日期)食品成为最终产品的日期,也包括包装或灌装日期,即将食品装入(灌入)包装物或容器中,形成最终销售单元的日期。
保健食品	国家市场监督管理总局关于发布《保健食品标注警示用语指南》的公告(2019年第29号)	2. 多层包装的单件保健食品以与食品直接接触的内包装的完成时间为生产日期。
进口预包装食品	GB 7718—2011《食品安全国家标准　预包装食品标签通则》问答	五十七、进口预包装食品如仅有保质期和最佳食用日期,如何标示生产日期?应根据保质期和最佳食用日期,以加贴、补印等方式如实标示生产日期。

（续表）

产品类型	法规/标准	法规/标准条款规定
销售单元内多件独立包装食品	GB 7718—2011《食品安全国家标准 预包装食品标签通则》问答	十八、销售单元包含若干标示了生产日期及保质期的独立包装食品时，外包装上的生产日期和保质期如何标示？可以选择以下3种方式之一标示：一是生产日期标示最早生产的单件食品的生产日期，保质期按最早到期的单件食品的保质期标示；二是生产日期标示外包装形成销售单元的日期，保质期按最早到期的单件食品的保质期标示；三是在外包装上分别标示各单件食品的生产日期和保质期。
分装食品	《卫生部关于食品分装加工及分装食品监督管理有关问题的批复》卫监督发〔2004〕310号	二、单纯性分装或添加少量其他成分后分装的定型包装食品的生产日期按分装日期标注；产品保质期应按被分装食品的原保质期标注，若添加成分的保质期比被分装食品的保质期短，则产品保质期按添加成分的原保质期标注。

（二）食品保质期确定的相关法规或标准

法规/标准	法规/标准条款规定
GB 7718—2011《食品安全国家标准 预包装食品标签通则》	2.5 保质期 预包装食品在标签指明的贮存条件下，保持品质的期限。在此期限内，产品完全适于销售，并保持标签中不必说明或已经说明的特有品质。
《国家卫生计生委食品司关于预包装食品保质期标示有关问题的复函》（国卫食品标便函〔2015〕58号）	食品生产者可以选择以具体日期或者固定时间段的形式标示保质期，保质期应与生产日期具有对应关系。以固定时间段的形式标示的，可以选择以生产日期或者生产日期的第二天作为保质期的计算起点。

另外,对于不同类型的食品的生产日期和保质期,还需要关注以下几点:

(一)保健食品(多层包装)是以内包装的完成时间为生产日期;

(二)关于进口预包装食品的加贴,虽然法规规定生产日期不可以加贴,但是如果整个食品标签以自粘标签材料制作,包括"生产日期"或"保质期"等日期内容,整个自粘标签材料加贴在食品包装上是符合规定的;

(三)分装食品生产日期虽然标识的是分装日期,但保质期标识为原保质期;

(四)保质期是食品生产经营者对食品质量安全的承诺,生产日期和保质期是一一对应的,不得随意更改。

二十四、食品标签中如何对质量等级进行标识?

(一)根据产品的执行标准判断,执行标准中规定质量(品质)等级的应强制标识。GB 7718—2011《食品安全国家标准 预包装食品标签通则》中明确食品所执行的相应产品标准已明确规定质量(品质)等级的,应标示质量(品质)等级。

(二)产品执行标准中没有规定质量等级,则不可以标识质量等级。

(三)粮食加工品、食用油、油脂及制品、酒类、蔬菜制品、水果制品、蛋制品、肉制品、罐头制品、茶叶及相关产品、可可及焙烤咖啡、食糖、水产制品、淀粉及淀粉制品、蜂产品等产品标准中规定了质量等级标识要求。具体标示要求可查看相应的产品标准,如 GB/T 1535—2017《大豆油》中将成品大豆油质量指标分为一级、二级、三级,则执行该标准的产品标签中应根据产品符合的质量等级来进行标注。即质量等级应按照产品执行标准的规定来标注,符合"一级"的规定就标注为

"一级",符合"合格品"的规定就标注为"合格品"。

（四）若企业在没有依据的情况下虚假标注产品质量等级，可能会涉及违反《中华人民共和国食品安全法》《中华人民共和国产品质量法》《中华人民共和国消费者权益保护法》，以及 GB 7718—2011《食品安全国家标准　预包装食品标签通则》等相关法律法规和标准规定。

第四篇

记录篇

一、记录的定义，企业如何进行记录的自查？

记录是记载生产与质量管理过程中的每一步操作，和我们所制定的文件相符。每一文件都应有相应的记录来支持。企业在建立记录及进行记录自查时，应确保记录涵盖 GB 14881—2013《食品安全国家标准 食品生产通用卫生规范》中关于文件的所有要求。

由于各项记录随着企业生产活动动态更新，企业应定期开展记录自查，监控生产活动规范性。企业在进行生产记录自查时，可以从以下几个方面开展：首先是检查记录填写的格式、内容是否规范和齐全。其次是检查之前的生产状况，通过对过去所填写的批生产记录及其他记录的检查，可发现过去的生产情况、设备运行情况、质量检验情况等。最后是检查生产现状：由点到面，批生产记录中的某一物料情况引申到仓库的物料情况，物料的采购、入库、发放、质量部的检验、留样等情况；批生产记录中的工艺参数、物料平衡、偏差、操作要点等引申到工艺规程、工艺执行情况、工艺监控等；批生产记录中的物料传递过程引申到工艺流动情况、中间站运转情况；压差、温湿度记录引申到厂房情况、空气净化系统运行情况；设备运行记录引申到设备情况；清场记录引申到卫生执行情况、卫生SOP、现场卫生监控；销售记录引申到销售情况；检验记录引申到质量管理情况（质量标准、检验 SOP、质量管理制度等）。

二、食品生产企业建立完整记录制度的意义是什么？

《中华人民共和国食品安全法》第五十条规定，食品生产企业应当建立食品原料、食品添加剂、食品相关产品进货查验记录制度，如实记录食品原料、食品添加剂、食品相关产品的名称、规格、数量、生产日期或者生产批号、保质期、进货日期以及供货者名称、地址、联系方式等内容，并保存相关凭证。

记录和凭证保存期限不得少于产品保质期满后六个月；没有明确保质期的，保存期限不得少于二年。第五十一条规定，食品生产企业应当建立食品出厂检验记录制度，查验出厂食品的检验合格证和安全状况，如实记录食品的名称、规格、数量、生产日期或者生产批号、保质期、检验合格证号、销售日期以及购货者名称、地址、联系方式等内容，并保存相关凭证。记录和凭证保存期限应当符合本法第五十条第二款的规定。第五十三条规定，食品经营企业应当建立食品进货查验记录制度，如实记录食品的名称、规格、数量、生产日期或者生产批号、保质期、进货日期以及供货者名称、地址、联系方式等内容，并保存相关凭证。记录和凭证保存期限应当符合本法第五十条第二款的规定。实行统一配送经营方式的食品经营企业，可以由企业总部统一查验供货者的许可证和食品合格证明文件，进行食品进货查验记录。从事食品批发业务的经营企业应当建立食品销售记录制度，如实记录批发食品的名称、规格、数量、生产日期或者生产批号、保质期、销售日期以及购货者名称、地址、联系方式等内容，并保存相关凭证。记录和凭证保存期限应当符合本法第五十条第二款的规定。因此，建立完整的记录制度是每位食品企业经营者应尽的法律义务，其次是于企业自身发展而言有诸多益处。

（一）合规与管理：企业必须建立并保留详细的记录，对记录进行控制管理，为产品、过程和体系符合要求及体系有效运行提供证据；企业记录制度可以明确各个环节的责任归属，提高员工的工作责任心和执行力。

（二）建立追溯：记录可提供产品、管理过程和质量管理体系符合要求及有效运行的证据，为采取纠正和预防措施以及为保持和改进质量管理体系提供信息。

（三）决策支持：基于历史记录，企业可以分析趋势、识别效率瓶颈、优化资源配置、改善流程，进而做出更为科学的管理和经营决策。

（四）成本控制：通过记录物料消耗、人力成本、设备使用情况等信息，企业能有效控制成本，提高经济效益。

（五）规避风险：食品企业写生产记录的目的是确保产品的安全性和质量。通过记录生产过程中的关键环节、操作人员、原料批次等信息，可以帮助企业在出现问题时进行快速追溯和定位，及时采取措施避免风险，避免产品召回和损失。

（六）法律责任：在涉及合同纠纷、知识产权侵权、产品质量诉讼等情况下，完整详实的记录可以作为法律证据，维护企业的合法权益。

三、记录的分类依据是什么？生产企业记录如何分类管理？

食品生产企业记录的分类主要依据生产活动的不同阶段和管理需求。

（一）原料及供应商管理记录

进货查验记录：包括原料、辅料、包装材料等的名称、规格、数量、生产日期/批号、保质期、进货日期、供应商资质证明、检验报告等信息。

供应商评估记录：供应商的资质审核、评价和定期复评记录。

原料库存记录：原料入库、出库、盘点等库存管理信息。

（二）生产过程记录

工艺规程执行记录：每个生产批次按照工艺规程进行的操作记录，包括温度、时间、搅拌速度等关键参数。

质量控制记录：如关键控制点监控记录、非关键控制点检查记录、中间产品检验记录等。

设备运行与维护记录：生产设备的使用、清洁、维护、检定、校准及维修记录。

温湿度及环境条件监控记录：生产车间、仓库等区域的环境条件记录。

（三）质量检验记录

原料检验记录：进厂原料的感官、理化、微生物等项目的检验结果记录。

半成品检验记录：食品半成品检验主要记录外观、理化指标、微生物等项目的检验结果。

成品检验记录：产品出厂前的各项指标检测报告，包括型式检验、出厂检验等。

微生物监控记录：生产过程中的微生物检测结果。

（四）仓储物流记录

产品贮存记录：包括产品存放位置、批次、数量、出入库时间等。

物流运输记录：产品从仓库到销售终端的运输温度、时间、承运方等信息。

（五）销售记录

销售台账：产品销售的客户信息、产品名称、规格、数量、销售日期、发票号等。

退货与召回记录：涉及的产品、原因、数量、处理方式及结果等。

（六）合规与培训记录

法律法规符合性记录：与食品安全相关的法律、法规、标准的遵守情况记录。

员工培训记录：食品安全、操作技能等方面的培训计划、实施记录和考核结果。

（七）食品安全与卫生管理记录

卫生检查与清洁消毒记录：包括车间、设备和工具的清洁消毒频率、方法及效果。

防虫害与异物防控记录：灭鼠、灭蝇、防虫措施及其效果记录。

健康与个人卫生记录：员工健康体检、个人卫生检查记录。

（八）应急响应与整改记录

应急预案演练记录：应急预案的制订、修订、演练及完善过程记录。

不合格品处理记录：原料或产品的不合格判定、处理措施、纠正预防行动记录。

食品生产企业记录管理是一种关键的质量控制手段，它确保了从原料采购到产品出厂的整个生产链中的信息透明度和可追溯性。食品生产企业应采用统一的记录编号系统，确保记录的唯一性和连续性，同时所有记录必须做到真实、准确、及时、完整，确保对产品从原料采购到产品销售的所有环节都可进行有效追溯。企业还应结合电子记录管理系统或纸质记录系统，实现记录的妥善保存和方便查阅。此外，对于不同类型的记录，应根据其性质和用途分别归档存贮，便于管理和检索。

四、食品生产企业应在哪些环节建立记录？

食品生产企业应按照 GB 14881—2013《食品安全国家标准 食品生产通用卫生规范》要求，对食品生产中采购、加工、贮存、检验、销售等环节详细记录，具体记录设置可参考以下：

食品生产企业原辅料进货查验记录；

食品生产企业原辅料进厂检验记录；

食品生产企业原辅料贮存、保管记录；

食品生产企业原辅料（食品添加剂）出入库记录；

食品生产企业包装材料使用记录；

食品生产企业原辅料使用记录；

食品生产企业食品生产投料记录；

食品生产企业生产过程关键控制点记录；

食品生产企业温湿度记录；

食品生产企业生产设备台账；

食品生产企业生产设施设备维修保养记录；

食品生产企业紫外灯使用记录；

食品生产企业防尘、防蝇、防鼠、防虫情况记录；

食品生产企业检验设备台账；

食品生产企业计量器具检定、使用台账；

检验原始记录；

食品生产企业出厂检验报告；

食品生产企业产品检验留样记录；

食品生产企业成品入库记录；

食品生产企业成品出库记录；

食品生产企业搬运、贮存、包装、防护和交付记录；

食品生产企业产品销售记录；

食品生产企业不合格品处置记录；

食品生产企业清洁剂或消毒剂使用记录；

食品生产企业员工洗手消毒记录；

食品生产企业食品安全防范措施定期检查记录；

食品生产企业食品安全状况自查记录；

食品召回计划报告表；

食品生产企业不安全食品召回公告；

食品生产企业不安全食品分析处置记录；

食品生产企业不安全食品召回记录；

食品生产企业不安全食品召回处置完成记录；

食品生产企业主要负责人员、工程技术人员管理台账；

食品生产企业人员培训考核记录；

食品生产企业工作职责履行记录；

食品生产企业员工健康档案管理台账；

食品生产企业从业人员食品安全知识培训记录；

食品生产企业食品安全隐患排查记录；

食品生产企业食品安全事故应急预案演练记录；

食品生产企业食品安全事故处置记录。

五、原料验收时，供应商提供出厂检验证明后，是否可以直接采用作为入厂的验证材料？是否需要做进一步的查验，应如何进行查验？

《中华人民共和国食品安全法》第五十条规定，食品生产者采购食品原料、食品添加剂、食品相关产品，应当查验供货者的许可证和产品合格证明；对无法提供合格证明的食品原料，应当按照食品安全标准进行检验；不得采购或者使用不符合食品安全标准的食品原料、食品添加剂、食品相关产品。

食品生产企业应当建立食品原料、食品添加剂、食品相关产品进货查验记录制度，如实记录食品原料、食品添加剂、食品相关产品的名称、规格、数量、生产日期或者生产批号、保质期、进货日期以及供货者名称、地址、联系方式等内容，并保存相关凭证。记录和凭证保存期限不得少于产品保质期满后六个月；没有明确保质期的，保存期限不得少于二年。

因此，食品生产者在原料验收时，应要求供应商提供许可证和产品出厂检验合格证明，同时应针对不同情况建立进货查验制度。若供应商无法提供证明合格的材料，应按照食品安全标准进行检验，若供应商提供证明合格材料，建议生产者依据自身情况建立常规查验工作方法，规定验收项目及标准，并定期对原料进行抽样，将抽取的样品按照食品安全标准进行检验。执行进货查验制度，不仅是保证食品安全的措施，也是保护食品经营者自身合法权益的重要制度。食品经营者根据制度对购进的食品进行检查验收，发现存在食品安全问题时，可以拒绝验收进货。如果食品经营者不执行进货查验制度，对不符合食品安全标准的食品予以验收进货,则需要对不符合食品安全标准的食品负责。

食品生产者可以从以下几个方面开展进货查验。

第一,食品生产企业采购时,应当到证照齐全的食品生产经营者或市场采购,索取销售者或市场管理者出具的购物凭证并留存备查,要查验证件、以便溯源,如《肉制品生产许可审查细则(2023版)》第六章规定,国内畜、禽产品应具有动物检疫证明及相关证明文件。进口畜、禽产品应有入境货物相关证明文件。不得采购非法陆生野生动物及其制品。从固定供货商或供货基地采购食品的,应索取并留存供货基地或供货商的资质证明,供货商或供货基地应签订采购供货合同并保证食品卫生质量。第二,在进货验收方面,应有专人负责验收,原则上要符合食品安全标准的要求,对不符合标准的食品不得采购。第三,在台账记录方面,应如实记录食品原料、食品添加剂、食品相关产品的名称、规格、数量、生产日期或生产批号、保质期、进货日期、供货者名称及其联络方式等内容。一旦发生食品安全事故,能够确保迅速地追溯到源头和具体责任人。

因此,从维护食品安全和生产经营企业自身权益出发,食品生产企业不仅应向原料供应商索要出厂检验证明,更应建立完善的进货查验记录制度。

六、投料记录中应写明哪些信息?投料记录内容及撰写的要求?

投料记录应包含以下内容。

(一)投料名称:记录所投料的具体名称,如面粉、食盐、水等。

(二)投料数量:详细记录每种原料的投料量,以便于生产过程中的成本核算和产品质量控制。

(三)投料时间:记录原料投料的具体时间,有助于追踪产品的生产过程。

（四）投料人员：记录负责投料的工作人员姓名，以便于责任追溯。

（五）投料地点：记录原料投料的具体地点，有助于了解生产流程。

食品生产企业应对投料记录的内容及撰写建立相应的制度要求。《食品生产监督检查要点表》4.2 建立和保存生产投料记录，包括投料品名、生产日期或批号、使用数量等。《食品生产许可审查通则（2022）》5.2 应当建立并执行生产过程控制制度，制定所需的操作规程或作业指导书，明确原料（如领料、投料、余料管理等）、生产关键环节（如生产工序、设备、贮存、包装等）控制的相关要求，防止交叉污染，并记录产品的加工过程（包括工艺参数、环境监测等）。

综合以上相关规定要求，企业在记录投料过程时，应坚持记录及时、记录准确、记录详细的原则，认真准确记录投料种类、品名、生产日期或批号、使用数量等信息，并在一批次产品结束后，组织专人对记录完整性进行核查。

七、如何定义食品生产中的"批""批生产记录"？

GB/T 2828.1—2012《计数抽样检验程序 第 1 部分：按接收质量限（AQL）检索的逐批检验抽样计划》中定义批：汇集在一起的一定数量的某种产品、材料或服务；定义批的组成：产品应汇集成可识别的批、子批或可交付的其他形式。就实用而言，每个批应由同型号、同等级、同类型、同尺寸、同成分，在基本相同的时段和一致的条件下制造的产品组成。

因此，食品生产批次：一般用编号方式来表示，可用于生产企业进行产品生产管理和质量问题追溯。对生产企业而言，产品的生产批次划分应遵循以下原则：产品的型号、等级、种类（尺寸、特性、成分等）相同，且生产条件、生产时间段（一般以天、周、月等为时间单位）基本相同的单位产品方可组成一个批次，按以上原则确定的批次才能满足对质量检验和质量问题追溯的要求。

批生产记录：一个批次的待包装品或成品的所有生产记录。批生产记录能提供该批产品的生产历史以及与质量有关的情况。

批生产记录内容包括：产品名称、生产批号、生产日期、操作者、复核者的签名，有关操作与设备、相关生产阶段的产品数量、物料平衡的计算、生产过程的控制记录及特殊问题记录。

八、复核生产记录有哪些注意事项？

每个工序或岗位的操作记录与有关工序或岗位的操作记录不应前后矛盾。要做到一致性、连贯性和溯源性，因此每批次产品生产记录应有专人复核，在复核过程中应注意以下几个方面：

（一）必须按每批岗位操作记录串联复核；

（二）必须将记录内容与生产工艺规程、岗位操作规程对照审核；

（三）上下工序及成品记录中的数量、质量、批号、容器必须一致、正确；

（四）对生产记录中不符合要求的填写方法，必须由填写人更正并签字；

（五）若发现异常情况必须查明原因，作出合理的说明，并作详细记录，经办人、复核人要签字。

九、食品生产企业生产记录在使用过程中常出现的问题有哪些？应该如何解决？

（一）生产记录填写人员与审核人员职责划分不清晰，常存在填写人与审核人为同一人、审核人由填写人代签的问题存在。食品生产企业应清晰划分职责，例如，岗位操作记录由岗位操作人员填写、岗位负责人、岗位工艺员审核并签字。批生产记录可由车间工艺员汇总，车间主任审核并签字。

（二）生产原始记录存在填写不及时、笔记不清晰、字迹潦草难以辨认的问题。原始记录填写时不得使用铅笔，要做到字迹清晰、真实、准确和及时，不得提前凭空臆造，也不得事后回忆补填，导致记录与实际操作脱节。

（三）生产记录上存在随意涂改，造成信息识别不清晰等问题。生产记录应不得撕毁或任意涂改，需要更改时不得使用涂改液，应在原来错误的地方画上两道横线，并把正确的写在其上方，在旁签名并标明日期。

（四）生产记录中由于产品名称简写，造成同类产品混淆等问题，如"速冻调理鸡肉丸"简单记录为"鸡肉丸"。生产记录应按产品名称填写齐全。另外，应在表格中添加产品批号信息，实现原料使用及产品生产过程的可追溯，注意产品批号填写正确。

（五）生产记录表格存在空格较多，签名不全，日期简写等问题。生产记录表格应将内容填写齐全，不得留有空格，如无内容填写时可用"—"表示。

因此，生产记录应有专人复核。对不符合填写方法的记录，复核人应监督填写人更正。

十、生产记录管理过程中常见问题有哪些？

（一）重理论轻实践。在管理中，食品生产企业在建立管理体系初期，重视对生产记录的编制，对生产相关环节都设置相应记录。生产记录格式及内容填写要求往往是借鉴行业内的范本而忽略了对是否适合自身企业的考量。在记录内容、记录整合等方面没有要求或要求不多，造成记录设置、内容与实际情况差距很大，记录数量过多、内容填写重复，形成了"为记录而记录"的局面，客观上也造成了记录的混乱。

（二）重运行，轻检查。在实际的管理中，将关注重点放在生产记录运行情况，检查重心放在"生产记录有没有，记录内容填没填"，以及记录"是否有涂改，字迹是否清楚，是否有填写人签字"等表面化问题，忽视了检查记录填写"内容是否符合实际，内容真实性"等关键因素，缺少对生产记录填写情况有效监督和审查机制，从而掩盖了很多管理的隐患。

（三）重结果，轻过程。记录是作业过程的真实反映。在管理过程中，过分关注最终产品检测结果，忽视了生产过程中的关键控制点记录。缺少专门人员对记录进行汇总、检查、分析的过程，不利于发现管理中的隐患，以及进一步改进作业环节，提高工作效率的途径。

（四）重作业，轻填写。由于员工对生产记录的重要性认识不足，以及记录设置上的不符合实际、记录过多等问题，导致人员填写记录认为是额外的负担，缺乏主动性的状况。对良好记录行为缺乏激励，对违规行为的处罚力度不够，缺少相应的奖惩制度，造成生产记录存在填写不及时，伪造记录，敷衍了事等问题，影响作业过程信息的收集。

（五）重执行，轻参与。管理人员只负责设计记录，作业人员只负责作业和填写记录，无作业规范的制定和记录的设置的权限，影响了工作人员安全责任感和工作积极性的发挥，在一定程度上阻碍了管理方法的改进和管理水平的循环提高。

十一、生产记录如何管理与控制？

（一）记录的标识：应具有唯一性标识，为了便于归档和检索，记录应具有分类号和流水号。标识的内容应包括：记录表格所属的质量管理文件的编号、版本号、表号、页号，没有标识或不符合标识要求的记录表格是无效的表格。

（二）记录的贮存和保管：记录应当按照档案要求立卷贮存

和保管。记录的保管由专人或专门的主管部门负责，应建立必要的保管制度，保管方式应便于检索和存取，保管环境应适宜可靠、干燥、通风，并有必要的架、箱，应做到防潮、防火、防蛀、防止损坏、变质和丢失。记录的保存期限问题，如果外部没有要求的，组织可针对不同产品的特点和法规要求做出相应规定，如果合同对记录提出要求，则按照合同的要求确定保存期限。

（三）记录的检索：一项质量活动往往涉及多项记录的内容和表格，为了避免漏项，应当对记录进行编目，编目具有引导和路径作用，可以便于记录的查阅和使用，使查阅对该项质量活动的记录能有一个整体的了解。对于一个项目，合同或是产品实现后过程，可以考虑建立一个总编目，按产品实现的进度进行排列。对于记录内容较多，质量活动联系复杂的记录，也可设置分项编目。记录在归档前经主管部门验收合格后方可进行，如果归档资料不全，负责归档验收的部门有权拒收。记录中包含了大量有用的体系运行证据和原始信息，要发挥其作用必须使用其便于有关部门和员工查找，记录的查阅纳入计算机管理是比较好的做法，编制电子索引，可以提高检索和查阅的效率。

（四）记录的处置：超过规定保存期限的记录，应统一进行处理，重要的含有保密内容的记录须保留销毁记录。记录必须如实记载产品质量的形成过程和最终状态，如实反映质量管理体系过程，过程和活动的运行状况和结果，证实产品满足技术标准，合同、法规要求以及顾客的期望的程度，反映组织的质量管理体系是否已得到有效运行，产品、过程和整个体系的运行是否达到了预期的要求。

十二、如何建立生产记录的追溯链？

建立生产记录的追溯链是一项涉及多个步骤的过程，旨在确保产品从原材料采购、生产、质检到销售的全生命周期中，所有相关信息都能够被准确记录、关联和追踪。以下是构建生产记录追溯链的一般步骤。

（一）确立追溯要素

依据 GB/T 37029—2018《食品追溯　信息记录要求》确定生产记录追溯所需的关键信息点，例如，原材料批次号、供应商信息、生产日期与时间、生产班组、工艺参数、检验结果、产品批号、包装时间、仓库位置、物流信息、销售渠道等。

（二）实施标识与编码系统

对每一批次的原材料、半成品和成品进行唯一的标识和编码，确保每个生产单元都能在系统中被精准识别和追踪。

（三）建立电子化管理系统

使用 ERP（企业资源规划）、MES（制造执行系统）、WMS（仓库管理系统）或其他追溯软件系统，实现实时、准确的数据采集和记录。

（四）集成自动化采集技术

在生产线上安装各种传感器、条形码/二维码扫描设备、RFID（无线射频识别）标签等，用于自动采集和上传生产过程中的各项数据。

（五）完善记录模板和流程

设计完整的生产记录表格，涵盖生产计划、原料入厂检验、生产过程控制、质量检验、包装入库、出库发货等所有环节，并确保每个环节都有相应的记录和签名确认。

（六）数据整合与关联

将各个独立环节的记录数据关联起来，形成完整的追溯链条。比如，将原料批次信息与对应的产品生产记录关联，再将生产记录与仓储、物流信息关联。

（七）实施严格的质量控制

在追溯体系中纳入质量管理体系，对任何不合格品或异常事件均需详细记录，并确保问题产品能迅速定位并召回。

（八）系统验证与持续改进

定期进行追溯系统的有效性验证，确保整个追溯链在真实情况下能够快速响应，找出潜在问题并不断优化追溯流程。

（九）法规合规性

根据行业和地区的法律法规要求，确保追溯体系符合食品安全法等相关规定。

通过上述步骤，企业可以逐步建立起一套严密且高效的生产记录追溯链，从而实现对产品质量的全程控制和追溯，增强消费者信心，提升品牌形象，并满足法规要求。

十三、企业应依据哪些法律法规技术文件完成生产记录？

生产记录名称	相关依据
原辅料进货查验记录	《中华人民共和国食品安全法》第五十条
	《食品生产许可审查通则（2022版）》附件2中核查表5.1
	国家市场监督管理总局令第49号《食品生产监督检查要点表》2.1、18.1
食品贮存记录（进货查验）	GB 14881—2013《食品安全国家标准 食品生产通用卫生规范》14.1.1
	《食品生产监督检查要点表》3.3
	《食品生产许可审查通则（2022）》5.2
投料记录	《中华人民共和国食品安全法》第四十六条
	《食品生产监督检查要点表》4.2
	《食品生产许可审查通则（2022）》5.2
关键控制点记录	《中华人民共和国食品安全法》第四十六条
	《食品生产监督检查要点表》4.8
	《食品生产许可审查通则（2022）》5.2

（续表）

生产记录名称	相关依据
温、湿度监测记录	《食品生产监督检查要点表》2.11、4.11
生产设备、设施维护保养记录	《食品生产监督检查要点表》2.8 GB 14881—2013《食品安全国家标准 食品生产通用卫生规范》5.2.2、5.2.3
清洁消毒记录	GB 14881—2013《食品安全国家标准 食品生产通用卫生规范》8.2.1
洗涤剂、消毒剂使用记录	《食品生产监督检查要点表》2.7 GB 14881—2013《食品安全国家标准 食品生产通用卫生规范》6.1.4
防鼠、防蝇、防虫害检查记录	《食品生产监督检查要点表》2.10 GB 14881—2013《食品安全国家标准 食品生产通用卫生规范》6.4 虫害控制
半成品检验（过程检验）	《中华人民共和国食品安全法》第四十六条
成品检验记录	《中华人民共和国食品安全法》第四十六条、五十二条 GB 14881—2013《食品安全国家标准 食品生产通用卫生规范》14.1.1 《食品生产许可审查通则（2022）》5.3
包装记录	《中华人民共和国食品安全法》第四十六条 《食品生产许可审查通则（2022）》5.2
产品留样记录	GB 14881—2013《食品安全国家标准 食品生产通用卫生规范》9.3
产品销售记录	GB 14881—2013《食品安全国家标准 食品生产通用卫生规范》14.1.1 《中华人民共和国食品安全法》第五十一条 《食品生产许可审查通则（2022）》5.3 《食品生产监督检查要点表》2.1、11.5

（续表）

生产记录名称	相关依据
运输交付记录	《中华人民共和国食品安全法》第四十六条 《食品生产许可审查通则（2022）》5.3
卫生检查记录	GB 14881—2013《食品安全国家标准 食品生产通用卫生规范》6.1.3
生产过程微生物监测记录	GB 14881—2013《食品安全国家标准 食品生产通用卫生规范》8.2.2
废弃物处置记录	GB 14881—2013《食品安全国家标准 食品生产通用卫生规范》6.5
食品召回记录	《中华人民共和国食品安全法》第六十三条 《食品生产许可审查通则（2022）》5.7
不合格食品（原辅料、半成品、成品）处置记录	《食品生产许可审查通则（2022）》5.7
职工培训计划	《食品生产许可审查通则（2022）》4.2 GB 14881—2013《食品安全国家标准 食品生产通用卫生规范》12
食品安全管理人员、检验人员、负责人培训和考核记录	《食品生产监督检查要点表》11.2 《中华人民共和国食品安全法》第四十四条第三款
职工安全知识培训记录	《中华人民共和国食品安全法》第四十四条第一款 《食品生产监督检查要点表》11.6
从业人员健康档案	《中华人民共和国食品安全法》第四十五条 GB 14881—2013《食品安全国家标准 食品生产通用卫生规范》6.3.1 《食品生产许可审查通则（2022）》4.3
食品安全自查记录	《中华人民共和国食品安全法》第四十七条 《食品生产许可审查通则（2022）》5.6

（续表）

生产记录名称	相关依据
排查食品安全风险隐患记录	《食品生产监督检查要点表》13.1
食品安全追溯体系（采购到销售全程记录）	《中华人民共和国食品安全法》第四十二条 GB 14881—2013《食品安全国家标准 食品生产通用卫生规范》14.1.1 《食品生产许可审查通则（2022）》5.5 《食品生产监督检查要点表》2.1
客户投诉记录	GB 14881—2013《食品安全国家标准 食品生产通用卫生规范》14.1.3
食品安全事故处置记录	《中华人民共和国食品安全法》第一百零二条 《食品生产许可审查通则（2022）》5.6
农业投入品使用记录	《中华人民共和国食品安全法》第四十九条

十四、生产记录表格设计时应注意哪些问题？

（一）表格设计要考虑可追溯性的需要。实现食品可追溯性主要依靠批次标志和生产记录，因此，表格设计，尤其是涉及生产和检验的记录设计中，要充分考虑产品可追溯性的需要。

（二）表格设计应尽量减少生产现场填写人的计算量、填写量。食品生产记录首要原则是真实，而真实的前提，应让填写人能够便捷地填写，才有可能保证他们是在现场及时填写，而不是事后补充。

（三）表格设计应让填写人明确记录填写的一致性。食品生产记录通常并非固定一个人填写，应能让所有填写人员明确具体填写的内容，从而保持记录填写内容的一致性。

（四）表格设计应让填写人明确记录填写的获取点。食品生产记录常常要求监控并填写生产过程的工艺参数，如温度、压力等，但是往往不明确监控的获取点，比如监控的时间点或选择哪一个监控设施获取监控参数，因此，应明确工艺参数的记录获取点。

十五、电子记录如何"审核"?

在GB/T 30644—2014《食品生产加工企业电子记录通用要求》中，谈到以下方面的电子记录所涉及的内容：

原辅料及包装材料采购与验收的电子记录；

食品生产加工过程的电子记录；

食品生产加工检验的电子记录；

库房管理的电子记录；

产品运输的电子记录；

设施设备管理的电子记录。

虽然在标准中并没有表述这些记录本身的要素内容上的审核要求，但是在"电子签名"的管理要求上，提出了要赋予"电子签名"不同的定义，包括记录、检查和批准。

综合电子记录的作用及食品生产企业对于记录的要求，在对电子记录审核时，应从以下几个方面开展。

（一）项目与条款审核

审查电子原始记录表格模板是否覆盖所有必要的项目和条款，以反映实际的业务活动或实验过程。

验证记录是否符合相关法规、行业标准以及组织内部规定。

（二）完整性审核

检查记录是否自然产生，即在正常的业务流程中实时创建和更新，而非事后补做或为了特定目的（如诉讼）而捏造。

确保记录系统能全面、连续地记录各项业务活动，不存在遗漏或篡改情况。

（三）一致性与真实性审核

比较电子记录与相关的书面记录（如有）的一致性。

验证电子数据是否真实反映实际情况，内容无误且未被修改。

对电子记录进行元数据审核，包括记录的创建时间、修改历史、操作人员等信息。

（四）审计追踪审查

审核审计追踪记录，确认数据变更的历史记录，包括谁进行了更改、何时更改以及更改前后的具体内容。

确认所有的系统访问、数据录入、修改和删除操作都有适当的权限控制和痕迹留存。

（五）合法性审查

确定电子数据的收集、贮存和传输过程符合法律法规要求，数据保护和隐私政策得到遵守。

如果是在诉讼或监管环境中，审核数据获取的方法和程序是否合法。

（六）文件版本控制

确保有适当的版本控制机制，任何修改均有记录，并且任何时候都能追溯到最新有效的记录版本。

（七）签字与授权

对于需要签字确认的记录，核实电子签名的有效性，确保签字人身份真实且具有相应权限。

在电子系统中完成相应的审核步骤，如点击"审核"按钮，留下审核痕迹。

（八）存档与保管

审核电子记录的存贮条件、备份策略以及长期保存计划，确保记录能够安全存贮并在必要时恢复。

（九）持续性与定期审查

实施定期的电子数据完整性审核，如每月进行部门电子数据和审计追踪审核。

第五篇

许可篇

一、申请食品生产许可，需要符合哪些条件？

根据《食品生产许可管理办法》（2020年1月，国家市场监督管理总局令第24号）第十二条，申请食品生产许可，应当符合下列条件：

（一）具有与生产的食品品种、数量相适应的食品原料处理和食品加工、包装、贮存等场所，保持该场所环境整洁，并与有毒、有害场所以及其他污染源保持规定的距离；

（二）具有与生产的食品品种、数量相适应的生产设备或者设施，有相应的消毒、更衣、盥洗、采光、照明、通风、防腐、防尘、防蝇、防鼠、防虫、洗涤以及处理废水、存放垃圾和废弃物的设备或者设施；保健食品生产工艺有原料提取、纯化等前处理工序的，需要具备与生产的品种、数量相适应的原料前处理设备或者设施；

（三）有专职或者兼职的食品安全专业技术人员、食品安全管理人员和保证食品安全的规章制度；

（四）具有合理的设备布局和工艺流程，防止待加工食品与直接入口食品、原料与成品交叉污染，避免食品接触有毒物、不洁物；

（五）法律、法规规定的其他条件。

二、食品生产企业在获得食品生产许可前申请材料怎么准备？

依据《食品生产许可审查通则（2022版）》，食品生产许可审查包括申请材料审查和现场核查。申请材料审查应当审查申请材料的完整性、规范性、符合性；现场核查应当审查申请材料与实际状况的一致性、生产条件的符合性。

申请食品生产许可的申请材料应当按照以下要求进行准备。

（一）完整性

1. 食品生产许可的申请材料符合《食品生产许可管理办法》第十三条和第十四条的要求；

2. 食品添加剂生产许可的申请材料符合《食品生产许可管理办法》第十六条的要求。

（二）规范性

1. 申请材料符合法定形式和填写要求，纸质申请材料应当使用钢笔、签字笔填写或者打印，字迹应当清晰、工整，修改处应当加盖申请人公章或者由申请人的法定代表人（负责人）签名；

2. 申请人名称、法定代表人（负责人）、统一社会信用代码、住所等填写内容与营业执照一致；

3. 生产地址为申请人从事食品生产活动的详细地址；

4. 申请材料应当由申请人的法定代表人（负责人）签名或者加盖申请人公章，复印件还应由申请人注明"与原件一致"；

5. 产品信息表中食品、食品添加剂类别，类别编号，类别名称，品种明细及备注的填写符合《食品生产许可分类目录》的有关要求。分装生产的，应在相应品种明细后注明。

（三）符合性

1. 申请人具有申请食品生产许可的主体资格；

2. 食品生产主要设备、设施清单符合《食品生产许可管理办法》第十二条第（二）项和相应审查细则要求；

3. 食品生产设备布局图和食品生产工艺流程图完整、准确，布局图按比例标注，设备布局、工艺流程合理，符合《食品生产许可管理办法》第十二条第（一）项和第（四）项要求，符合相应审查细则和所执行标准要求；

4. 申请人配备专职或者兼职的食品安全专业技术人员和食品

安全管理人员，符合相应审查细则要求，符合《中华人民共和国食品安全法》第一百三十五条的要求；

5. 食品安全管理制度清单内容符合《食品生产许可管理办法》第十二条第（三）项和相应审查细则要求。

三、食品生产企业在获得食品生产许可后如何进行变更、延续与注销？

依据《食品生产许可管理办法》，食品生产企业在获得食品生产许可后，如果需要进行变更、延续或注销许可，应当按照以下程序进行操作。

（一）变更

食品生产许可证有效期内，食品生产者名称、现有设备布局和工艺流程、主要生产设备设施、食品类别等事项等发生变化时，应按如下步骤进行变更。

1. 变更申请：食品生产者应当在变化后 10 个工作日内向原发证的市场监督管理部门报告。

2. 提交材料：食品生产许可变更申请书；与变更食品生产许可事项有关的其他材料。

（二）延续

当食品生产许可有效期即将届满，企业希望继续合法生产时，应按以下程序办理延续手续：

1. 提前申请：在食品生产许可有效期届满 30 个工作日前，向原发证的市场监督管理部门提出延续申请。

2. 提交材料：食品生产许可延续申请书；与延续食品生产许可事项有关的其他材料。

保健食品、特殊医学用途配方食品、婴幼儿配方食品的生产企业申请延续食品生产许可的，还应当提供生产质量管理体系运行情况的自查报告。

（三）注销

若企业不再进行食品生产活动或者因其他原因需要终止许可效力，则需办理注销手续。

1. 主动注销：食品生产者终止食品生产，食品生产许可被撤回、撤销，应当在20个工作日内向原发证的市场监督管理部门申请办理注销手续。

2. 被动注销：有下列情形之一，食品生产者未按规定申请办理注销手续的，原发证的市场监督管理部门应当依法办理食品生产许可注销手续，并在网站进行公示：①食品生产许可有效期届满未申请延续的；②食品生产者主体资格依法终止的；③食品生产许可依法被撤回、撤销或者食品生产许可证依法被吊销的；④因不可抗力导致食品生产许可事项无法实施的；⑤法律法规规定的应当注销食品生产许可的其他情形。

四、个体工商户能办理食品生产许可证吗？

根据《食品生产许可管理办法》（2020年1月，国家市场监督管理总局令第24号）第十条，申请食品生产许可，应当先行取得营业执照等合法主体资格。

企业法人、合伙企业、个人独资企业、个体工商户、农民专业合作组织等，以营业执照载明的主体作为申请人。

五、针对普通食品，一个食品生产车间可以申请多个单元的食品生产许可吗？

针对普通食品，一个食品生产车间可以申请多个单元的食品生产许可证。企业需要先根据其审查细则、通则及评分表进行自查，确保生产布局、工艺流程等符合生产许可审查细则和通则的要求，同时要保证无食品安全隐患且无交叉污染产生。这意味着，只要车间能满足不同产品类别生产的条件和避免交叉污染，就可以在同一个车间申请生产多种类型的食品单元。

六、申请食品生产许可，现场检查必须要动态的吗？

在申请食品生产许可的过程中，现场核查通常不仅限于静态设施、文件审核，还包括对生产活动的动态检查。这是因为食品生产许可现场核查的目的在于确保申请企业的生产条件、管理体系及实际操作过程均符合食品安全相关法律法规和标准的要求。

动态检查是指在食品生产设施正常运转的情况下，对生产流程、设备操作、员工操作规范、物料流转、清洁消毒作业、质量控制点等环节进行实地查看和确认的过程。例如，核查人员会关注企业在实际生产过程中的原料处理、加工制作、包装存贮、卫生控制等环节是否严格执行了食品安全管理制度和操作规程。

因此，除了对生产场所、设备设施、布局、工艺流程等硬件设施的静态核查外，现场核查通常也包括对这些设施设备如何在实际生产中运用的动态观察和评估，以全面验证企业的食品安全控制能力。

七、食品生产许可可以网上申报吗？具体怎么操作？

食品生产许可申报通常有2种主要途径：线下申报和线上申报。

（一）线下申报

申请人可以直接前往所在地的主管部门及其指定的服务窗口进行咨询和申报。

携带规定的申请材料，如《食品生产许可证申请表》、企业法人营业执照、例行检验报告、环保和卫生证明等相关文件。

完成申请材料的提交，经过相关部门的初审、现场核查等环节。

（二）线上申报

在一些地区（如山东），可以通过当地政府或相关部门的官方网站或网上办事大厅进行在线申请。

申请人登录对应的政务服务网站，找到食品生产许可证申请入口，按照提示填写《食品生产许可证申请书》，并上传电子版的相关证明材料。

完成线上提交后，系统会对申请材料进行预审，预审通过后，申请人可能还需要将纸质材料打印出来并携带至指定地点进行现场确认或递交。

具体申报途径可能会随着各地政务服务改革和数字化进程的不同而有所变化，所以建议在正式申请前先查询所在地职能部门的最新规定和操作流程。

八、初次申证试产是否会被判"无证生产"？

企业在申请食品生产许可证期间，进行试生产并不一定被判为"无证生产"。在初次申领食品生产许可证的过程中，企业确实可以进行试生产活动，但需要注意的是，在正式取得生产许可之前，生产的产品不得进入市场销售。

试产阶段主要是为了准备认证所需的各项材料，包括但不限于产品的全项送检、接受现场审核等环节。在这个阶段，产品标签上的生产许可编号可以为空，因为企业尚未获得正式的生产许可。只要试产的产品不对外销售，而是用于内部检测、调试生产线或供审核机构审查使用，就不属于无证生产行为。

不过，具体操作时还需与当地食品安全监管机构或审核组保持沟通，确保试产活动符合相关法律法规的要求。若未经许可即销售试产产品，则属于无证生产，将会受到相应的行政处罚。

九、食品生产许可证副页的产品明细，列出产品名称，后续生产同类别但不同品名产品，需要再备案吗？

根据食品生产许可的相关规定，如果企业持有食品生产许可证并在副页的产品明细中列出了特定的产品名称，后续生产同类别但不同品名的产品时，需要确保新产品的生产严格符合食品生产许可证获证范围，即新产品应该在已获证品种明细名称及执行标准范围内。如果新产品不在原有证书明确涵盖的明细范围内，企业需要向监管部门进行新增产品品种的备案或申请扩大生产许可范围。

十、怎样查询预包装食品生产许可证的真伪？

查询预包装食品生产许可证的真伪可以通过以下步骤进行。
（一）访问官方平台
进入国家市场监督管理总局官方网站或相应的省级市场监督管理局网站。
（二）查找查询入口
在官方网站内查找"数据公开""信息公开""许可查询""食品生产许可获证企业查询"等相关模块。
（三）输入信息查询
输入企业名称、许可证编号（通常是 SC 开头的 14 位数字编码），或者其他相关的查询信息。

（四）验证许可证详情

查询结果会显示出对应企业的食品生产许可详细信息，包括许可证编号、企业名称、地址、许可品种明细等。

（五）核实许可证状态

确认许可证的有效期、许可范围及其他关键信息是否与产品标签上的标注相符，以确认许可证的真实有效性。

由于时间和技术更新，具体的查询路径可能会有所变化，所以推荐直接访问最新的市场监管总局网站或使用搜索引擎查找最新的查询指引。

十一、生产车间布局变化，如原有成品仓库外租是否需要向监管部门备案？

需要，生产车间布局发生变化，包括但不限于原有成品仓库外租的情况，是需要向监管部门备案的。在食品生产许可的管理规定中，企业应当在车间布局发生任何实质性变化时，及时向所在地的市场监督管理部门或相应的食品生产许可审批机关报告，并提供新的布局图等相关材料进行备案。如果不进行备案，监管部门在后续的日常监督检查或飞行检查中发现问题，可能会视情况提出不符合项，并对企业采取相应措施，甚至要求停产整改。

十二、委托生产的产品还需要办理委托加工备案吗？

关于委托生产的产品是否需要办理委托加工备案，相关政策经历了调整和变化。

在2015年前，根据当时的法规，委托加工食品是需要办理备案的，具体要求可能会涉及提交双方的营业执照复印件、委托加工合同复印件、被委托企业的生产许可证复印件等材料。

到了 2015 年,《食品生产许可管理办法》修改后,明确取消了食品生产领域的委托加工备案制度,认为委托加工属于市场行为,行政部门不再对此进行前置备案。

不过,虽然取消了备案,但委托方和被委托方仍然需要确保各自资质齐全,遵守相关法律法规,保证食品安全和质量,并在必要时接受市场监管部门的监督和检查。

十三、出口加工区内的食品生产企业,以及出口加工区外仅以出口为目的的食品生产企业是否需要办理食品生产许可证?

出口加工区内的食品生产企业无须申请办理食品生产许可证。

出口加工区外的食品生产企业,若其生产的所有食品均以出口为目的,也无须申请办理国内的食品生产许可证。但如果这些企业在境内同时有销售食品的行为,则应当依法取得国内的食品生产许可证。

请注意,虽然上述信息表明特定条件下出口型企业可豁免办理国内食品生产许可证,但仍需确保其生产、加工、贮存过程符合我国相关法律法规和出口食品生产企业安全卫生要求,以及进口国(地区)的相关法律法规要求。出口食品生产企业一般需要进行出口食品生产企业备案管理。具体要求可能会随着政策更新而有所变化,因此建议在实际操作前咨询相关部门获取最新规定。

十四、集团公司和其所属的分公司是否可以一起申请食品生产许可?

是的,集团公司可以和其所属的分公司(包括具有法人资格和非法人资格的分公司）一起申请食品生产许可证，或者集团公司所属的分公司也可以单独申请食品生产许可证。这意味着，如果集团公司和子公司满足申请食品生产许可的相应条件和要求，它们可以共同申请一个许可证，或者根据各自的生产和经营需求分别申请各自的许可证。不过具体的申请流程和条件应依据当时有效的中国食品药品监督管理部门的相关法规执行。

十五、食品组合包装需要办理生产许可吗？

食品组合包装是否需要办理生产许可证，取决于组合包装的具体操作。

（一）如果组合包装仅涉及将多个预包装食品简单地组合在一起，如将几种独立预包装的食品装入一个礼品盒或套装中，而不对食品本身进行任何生产加工活动，并且确保原预包装食品的完整性及标签不变，那么这种情况下通常不需要额外办理食品生产许可证，但需要办理食品经营许可证。

（二）若组合包装过程中存在对预包装食品进行重新包装、分装、添加非原包装内的其他成分或其他可能影响食品安全的操作，则被视为一种生产加工行为，此种情况下需要按照国家相关法规的要求，办理相应的食品生产许可证。

（三）对于专门生产食品包装材料的企业，如生产食品用包装纸罐等直接接触食品的包装容器，则需要按照规定办理相关的生产许可证，如《全国工业生产许可证》。

综上所述，具体是否需要办理生产许可证，请根据最新的《中华人民共和国食品安全法》及其实施条例，以及当地市场监管部门的具体规定来判断。若不确定，建议直接咨询当地的市场监督管理部门以获取准确的指导。

十六、营业执照必须包含生产许可证上所有产品类别?

营业执照和生产许可证的功能和涵盖范围不同,营业执照是企业或个体工商户合法经营的基础凭证,它表明企业可以从事一定范围内的经营活动,而不一定是针对某一具体产品的生产。

生产许可证则是针对特定产品的生产活动,特别是那些国家规定需要实施生产许可证管理的产品,如食品、特种设备、医疗器械等。如果企业要生产的产品属于国家生产许可证管理目录内的产品,则必须在取得营业执照之后,进一步申请对应产品的生产许可证。

营业执照上的经营范围应当包含企业计划从事的所有经营活动的大类,但并不需要列出所有生产许可证管理的具体产品类别。然而,如果营业执照的经营范围中包括了需要生产许可证的产品所属的行业或大类,那么在实际生产和销售这些产品之前,企业还必须获得相应的生产许可证。

简而言之,企业先取得营业执照后,如果计划生产许可证管理目录内产品,必须另外申请并取得相关产品的生产许可证。两者不是互相替代的关系,而是共同构成了企业合法开展特定产品生产活动的前提条件。

十七、食品生产许可在各省之间确实存在一些不同点,这些差异主要体现在哪几个方面?

(一)办证流程和时效

不同省份在食品生产许可证的申请流程、审批时效上可能有所不同,虽然国家层面有统一的基本法规和程序指导,但在具体执行过程中,各个省份可能会根据地方特点和实际需求制定细化的操作流程和时间表。

（二）许可发证权限

根据以往的信息，部分特定类型的食品生产许可证由国家市场监督管理总局发放，如肉类制品、乳制品、饮料、罐头、冷冻饮品、酒类中的某些品类以及其他特殊膳食用食品等。而其他非特殊类别的食品生产许可一般由各省、自治区、直辖市市场监督管理部门负责发放。

（三）收费标准

不同省份在食品生产许可证的办理过程中可能有不同的收费标准，这取决于当地的财政政策和行政收费规定。

（四）监管标准和要求

虽然国家有统一的食品安全标准和法规，但各省份在执行过程中可能结合本地区的实际情况，提出更严格或更具体的补充要求，例如对某一类型食品的生产条件、检验项目或质量管理上有不同的地方细则。

（五）现场审查和日常监管

对于食品生产企业的现场审查和日常监管，各地监管部门可能采取不同的检查重点和技术手段，造成实际执行效果上的差异。

（六）行政服务与便利化措施

随着政务服务改革的推进，各地也在不断推出便民措施，如网上办理、简化手续、压缩审批时间等，这些服务创新也会带来各地在办理许可过程中的体验差异。

总的来说，尽管国家对食品生产许可有一套统一的管理制度，但由于地域经济水平、监管资源分配、地方政策导向等多重因素，各省在执行过程中会有一定灵活性，形成各自的特点和差异。企业申办食品生产许可证时，需要详细了解所在地的具体规定和要求。

十八、食品生产经营中哪些情况不需要办理食品经营许可？

根据相关规定，以下几种情况无须办理食品经营许可。

（一）销售食用农产品和仅销售预包装食品的。《中华人民共和国食品安全法》规定，销售食用农产品和仅销售预包装食品的，不需要取得许可。仅销售预包装食品的，应当报所在地县级以上地方人民政府食品安全监督管理部门备案。《市场监管总局关于仅销售预包装食品备案有关事项的公告》对于仅销售预包装食品备案有关事项作出了详细规定。

（二）取得食品生产许可的食品生产者，通过网络销售其生产的食品的。《网络食品安全违法行为查处办法》规定，取得食品生产许可的食品生产者，通过网络销售其生产的食品，不需要取得食品经营许可。

（三）取得食品生产许可的食品生产者在其生产场所销售其生产的食品的。食品生产企业依法取得食品生产许可，严格按照《中华人民共和国食品安全法》相关规定生产食品并进行销售的，不属于食品销售行为，不需要单独取得食品经营许可证。

（四）跨境电商企业在线下开设展示（体验）店，但实际不销售食品的。《总局办公厅关于食品跨境电子商务企业有关监管问题的复函》规定，食品跨境电商企业在线下开设展示（体验）店，但实际不销售食品的，不需要办理食品经营许可证。但该展示（体验）店应当在其营业场所设立提示牌，提醒消费者现场不销售食品。

（五）销售食品添加剂、从事食品物流的。《食品经营许可管理办法》规定，在中华人民共和国境内，从事食品销售和餐饮服务活动，应当依法取得食品经营许可。食品添加剂销售、食品物流并不属于食品销售和餐饮服务活动，因此不需要取得食品经营许可。

（六）医疗机构、药品零售企业销售特定全营养配方食品的。《食品安全法实施条例》规定，特殊医学用途配方食品中的特定全营养配方食品应当通过医疗机构或者药品零售企业向消费者销售。医疗机构、药品零售企业销售特定全营养配方食品的，不需要取得食品经营许可。

第六篇

处罚篇

一、企业在未取得食品生产经营许可的情况下，从事食品生产经营活动，或者未取得食品添加剂生产许可从事食品添加剂生产活动时，如何进行处罚？

《中华人民共和国食品安全法》第三十五条规定，国家对食品生产经营实行许可制度。从事食品生产、食品销售、餐饮服务，应当依法取得许可。但是，销售食用农产品，不需要取得许可。

2023年5月，某区市场监管局执法人员对位于本辖区某公司进行监督检查。经过现场检查发现在其经营场所内设有厨房，其内数名工作人员正在备餐，当事人不能提供《食品经营许可证》。该公司劳动实践场地内有学员约200人，经查，当事人于2023年2月办理了《营业执照》，其经营范围包含"餐饮服务""体验式拓展活动及策划"，但未取得《食品经营许可证》。截至2023年5月，当事人员工在食堂就餐共338人次。

处罚结果：对当事人未取得食品经营许可从事食品经营活动的违法行为，区市场监管局依据《中华人民共和国食品安全法》第一百二十二条规定，作出没收违法所得6 348元，罚款24 000元的行政处罚。

《中华人民共和国食品安全法》第一百二十二条规定，违反本法规定，未取得食品生产经营许可从事食品生产经营活动，或者未取得食品添加剂生产许可从事食品添加剂生产活动的，由县级以上人民政府食品药品监督管理部门没收违法所得和违法生产经营的食品、食品添加剂以及用于违法生产经营的工具、设备、原料等物品；违法生产经营的食品、食品添加剂货值金额不足1万元的，并处5万元以上10万元以下罚款；货值金额1万元以上的，并处货值金额10倍以上20倍以下罚款。

二、当企业用非食品原料生产食品、在食品中添加食品添加剂以外的化学物质和其他可能危害人体健康的物质时，或者用回收食品作为原料生产食品，经营上述食品应当如何进行处罚？

《中华人民共和国食品安全法》第三十四条第一项规定，禁止生产经营下列食品、食品添加剂、食品相关产品：用非食品原料生产的食品或者添加食品添加剂以外的化学物质和其他可能危害人体健康物质的食品，或者用回收食品作为原料生产的食品。

2022年11月，某区市场监管局执法人员对当事人在某网络交易平台开设的"某生物科技有限公司"店铺的商品上架在售情况进行检查。查见在售的标题为"NMN12000＋烟酰胺单核苷酸胶囊""美国NMN9000烟酰胺单核苷酸"的2款商品涉嫌含有非食品原料。经查，当事人在网店销售的上述两款产品都标注了主要成分为NMN（全称为β-烟酰胺单核苷酸，也称烟酰胺单核苷酸，是一种具有生物活性核苷酸，是辅酶——NAD^+合成的关键中间体）。作为食品原料及安全性尚不明确，缺少食品安全国家标准，在我国未获得药品、保健食品、食品添加剂和新食品原料批准，不能用于食品生产经营。

《中华人民共和国食品安全法》第一百二十三条第一项规定，违反本法规定，有下列情形（用非食品原料生产食品、在食品中添加食品添加剂以外的化学物质和其他可能危害人体健康的物质，或者用回收食品作为原料生产食品，或者经营上述食品），尚不构成犯罪的，由县级以上人民政府食品药品监督管理部门没收违法所得和违法生产经营的食品，并可以没收用于违法生产经营的工具、设备、原料等物品；违法生产经营的食品货值金额不足1万元的，并处10万元以上15万元以下罚款；货值金额1万元以上的，并处货值金额15倍以上30倍以下罚款；情节严重的，吊销许可证，并可以由公安机关对其直接负责的主管人员和其他直接责任人员处5日以上15日以下拘留。

三、当企业生产经营致病性微生物、农药残留、兽药残留、生物毒素、重金属等污染物质以及其他危害人体健康的物质含量超过食品安全标准限量的食品、食品添加剂时，应当如何对其进行处罚？

《中华人民共和国食品安全法》第三十四条第二项规定，禁止生产经营下列食品、食品添加剂、食品相关产品：致病性微生物，农药残留、兽药残留、生物毒素、重金属等污染物质以及其他危害人体健康的物质含量超过食品安全标准限量的食品、食品添加剂、食品相关产品。

某网络科技有限公司因生产经营重金属等污染物质含量超过食品安全标准限量的食品被某区市场监管局罚款5万元。某区市场监管局行政处罚决定书显示，2021年6月，某市食品安全监督抽检中对某网络科技有限公司在仓库中待售的山笋干（生产日期：2021-01-21）进行抽样（抽样数量6袋），经检验，该产品铅（以Pb计）项目不符合GB 2762—2017《食品安全国家标准 食品中污染物限量》要求、该产品所执行企业标准要求。

《中华人民共和国食品安全法》第一百二十四条要求，违反本法规定，有下列情形（生产经营致病性微生物，农药残留、兽药残留、生物毒素、重金属等污染物质以及其他危害人体健康的物质含量超过食品安全标准限量的食品、食品添加剂），尚不构成犯罪的，由县级以上人民政府食品药品监督管理部门没收违法所得和违法生产经营的食品、食品添加剂，并可以没收用于违法生产经营的工具、设备、原料等物品；违法生产经营的食品、食品添加剂货值金额不足1万元的，并处5万元以上10万元以下罚款；货值金额1万元以上的，并处货值金额10倍以上20倍以下罚款；情节严重的，吊销许可证。

四、当企业生产经营腐败变质、油脂酸败、霉变生虫、污秽不洁、混有异物、掺假掺杂或者感官性状异常的食品、食品添加剂时，应当如何处罚？

《中华人民共和国食品安全法》第三十四条第六项规定，禁止生产经营下列食品、食品添加剂、食品相关产品：腐败变质、油脂酸败、霉变生虫、污秽不洁、混有异物、掺假掺杂或者感官性状异常的食品、食品添加剂。

2016年9月，李某因举办婚礼，在当地一家连锁超市购入了3箱火腿。后来在婚礼过程中，亲戚均向李某反映火腿上有霉点，吃的时候有酸味。婚礼结束后，李某发现火腿的确已经腐败变质，要求超市按照规定给予10倍赔偿，但是超市坚决不同意李某的请求。李某立即向市食品药品监管部门进行举报，后来执法人员在调查过程中，发现超市的库房仍存有大量过期火腿，经查证，该超市的违法行为事实清楚，证据确凿，故依法进行了立案查处。

食品腐败变质是食品安全案例中经常出现的情形，变质食品中含有多种对人体有害的微生物，一旦人们食用了此种食品，可能会引起肠胃不适，甚至是中毒反应。因此，生产经营商绝对不能生产销售腐败变质食品。我国《中华人民共和国食品安全法》第三十四条也对此进行了明确规定，禁止生产经营腐败变质、油脂酸败、霉变生虫、污秽不洁、混有异物、掺假掺杂或者感官性状异常的食品、食品添加剂。本案例中，超市在明知火腿已经变质的情况下，依然进行销售，违反了《中华人民共和国食品安全法》的规定，因此，当地食品药品监管部门对其进行了查处。同时，李某购买的火腿由于变质没能食用，根据《中华人民共和国食品安全法》第一百四十八条的规定，可以向经营者或者生产商要求赔偿损失，接到消费者赔偿要求的生产经营者，应当实行首负责任制，先行赔付，不得推诿。李某除要求赔偿损失外，还可以向该超市要求支付价款10倍或者损失3倍的赔偿金；增加赔偿的金额不足1 000元的，为1 000元。

《中华人民共和国食品安全法》第一百二十四条第四项规定，违反本法规定，有下列情形（生产经营腐败变质、油脂酸败、霉变生虫、污秽不洁、混有异物、掺假掺杂或者感官性状异常的食品、食品添加剂），尚不构成犯罪的，由县级以上人民政府食品药品监督管理部门没收违法所得和违法生产经营的食品、食品添加剂，并可以没收用于违法生产经营的工具、设备、原料等物品；违法生产经营的食品、食品添加剂货值金额不足1万元的，并处5万元以上10万元以下罚款；货值金额1万元以上的，并处货值金额10倍以上20倍以下罚款；情节严重的，吊销许可证。

五、当食品生产经营者经营病死、毒死或者死因不明的禽、畜、兽、水产动物肉类，或者生产经营其制品时，应当如何处罚？

《中华人民共和国食品安全法》第三十四条第七项规定，禁止生产经营下列食品及食品相关产品：病死、毒死或者死因不明的禽、畜、兽、水产动物肉类及其制品。

2021年11月，李某饲养的一头牛因出血性败血症死亡，李某联系某财产保险股份有限公司（简称某保险公司）理赔。同月12日，某保险公司工作人员到场监督，李某将死牛简单焚烧，在未彻底做到无害化处理的情况下，掩埋在某山根处，并从某保险公司获取理赔款8 000元。同月13日，李某联系某农牧业公司经营者王某，将死牛挖出，以4 000元的价格卖给王某。王某将死牛用于食品加工、销售。2022年2月25日，李某饲养的另外一头牛因出血性败血症死亡，又以同样方式从某保险公司获取理赔款8 000元后将死牛挖出，以6 000元的价格卖给王某。王某又将死牛用于食品加工、销售。该县人民法院于2023年8月认定被告人李某犯销售不符合安全标准的食品罪，判处有期徒刑10个月，缓刑1年，并处罚金人民币2万元。

《中华人民共和国食品安全法》第一百二十三条第三项规定，违反本法规定，有下列情形（包括经营病死、毒死或者死因不明的禽、畜、兽、水产动物肉类，或者生产经营其制品），尚不构成犯罪的，由县级以上人民政府食品安全监督管理部门没收违法所得和违法生产经营的食品。发现明知从事经营病死、毒死或者死因不明的禽、畜、兽、水产动物肉类，或者生产经营其制品仍为其提供生产经营场所或者其他条件的违法行为，予以审查，决定立案。

六、当企业经营未按规定进行检疫或者检疫不合格的肉类或肉类制品时，应当如何进行处罚？

《中华人民共和国食品安全法》第三十四条第八项规定，禁止生产经营下列食品、食品添加剂、食品相关产品：未按规定进行检疫或者检疫不合格的肉类，或者未经检验或者检验不合格的肉类制品。

2021年1月，某贸易有限公司的法定代表人因经营需要，购买原产地为巴西的进口冷冻牛肉2 003件（过磅净重53 814.87千克）。涉案进口牛肉外包装上没有中文标签，原产国为 BRASIL（巴西），当事人无法提供相关检验检疫证明，经中国检验认证集团上海有限公司鉴定，该批牛肉的生产企业号不在"符合评估审查要求的国家或地区输华肉类产品名单"上，检验结果为：上述货物不符合进口准入条件，为我国禁止输入的产品。《关于商请上海海关给予法律解释答复函》的复函中确定涉案产品来自巴西，该批货物不属于海关总署《符合评估审查要求的国家或地区输华肉类产品名单》内的产品。经对涉案进口牛肉的沙丁胺醇、克伦特罗、莱克多巴胺、沙门菌、志贺氏菌、金黄色葡萄球菌 6 项指标进行检验，单项判定为"符合"。当事人涉嫌经营未按规定进行检疫的肉类的行为，违反了《中华人民共和国食品安全法》第三十四条第八项规定，构成经营未按规定进行检疫肉类的违法行为。

《中华人民共和国食品安全法》第一百二十三条第四项规定，违反本法规定，有下列情形（经营未按规定进行检疫或者检疫不合格的肉类，或者生产经营未经检验或者检验不合格的肉类制品），尚不构成犯罪的，由县级以上人民政府食品药品监督管理部门没收违法所得和违法生产经营的食品，并可以没收用于违法生产经营的工具、设备、原料等物品；违法生产经营的食品货值金额不足 1 万元的，并处 10 万元以上 15 万元以下罚款；货值金额 1 万元以上的，并处货值金额 15 倍以上 30 倍以下罚款；情节严重的，吊销许可证，并可以由公安机关对其直接负责的主管人员和其他直接责任人员处 5 日以上 15 日以下拘留。

七、当企业生产经营标注虚假生产日期、保质期或者超过保质期的食品、食品添加剂时，应该如何进行处罚？

《中华人民共和国食品安全法》第三十四条第十项规定，禁止生产经营下列食品、食品添加剂、食品相关产品：标注虚假生产日期、保质期或者超过保质期的食品、食品添加剂。

2023年2月上午，执法人员根据举报人提供的线索对位于某食品有限公司进行检查。现场查见当事人于2023年2月2日生产的耐烤巧克力豆留样产品标注的生产日期为2023年2月1日，与实际生产日期不一致，存在生产经营标注虚假生产日期的食品的行为。

经查明，当事人在该地区从事生产经营活动。现场查见当事人于2023年2月2日生产的耐烤巧克力豆留样产品标注的生产日期为2023年2月1日，通过比对当事人的生产记录，2023年2月1日该批次产品仅进行了无标签的内包装袋分装工作，2月2日才经过贴标、装桶、装箱等环节，形成最终销售形态。根据GB 7718—2011《食品安全国家标准 预包装食品标签通则》2.4 生产日期（制造日期）规定，食品成为最终产品的日期，也包括包装或灌装日期，即将食品装入（灌入）包装物或容器中形成最终销售单元的日期的定义，该产品的实际生产日期应为2023年2月2日，执法人员确认该批次的产品标注的生产日期与实际生产日期不一致。当事人的上述行为违反了《中华人民共和国食品安全法》第三十四条第十项规定，构成了生产经营标注虚假生产日期的食品的行为。该批次产品共计生产450千克，规格为1.5千克/桶，6桶/箱，共计50箱。已全部销售，销售单价为400元/箱，分装费用为4元/千克，共计货值金额20 000元，违法所得1 800元。案发后，当事人进行了产品召回，共召回24千克。

《中华人民共和国食品安全法》第一百二十四条第五项规定，违反本法规定，有下列情形（生产经营标注虚假生产日期、保质期或者超过保质期的食品、食品添加剂），尚不构成犯罪的，由县级以上人民政府食品安全监督管理部门没收违法所得和违法生产经营的食品、食品添加剂。违法生产经营的食品、食品添加剂货值金额不足 1 万元的，并处 5 万元以上 10 万元以下罚款；货值金额 1 万元以上的，并处货值金额 10 倍以上 20 倍以下罚款；情节严重的，吊销许可证。

八、当食品、食品添加剂生产者未按规定对采购的食品原料和生产的食品、食品添加剂进行检验时，应该如何处罚？

《中华人民共和国食品安全法》第五十条规定，食品生产者采购食品原料、食品添加剂、食品相关产品，应当查验供货者的许可证和产品合格证明；对无法提供合格证明的食品原料，应当按照食品安全标准进行检验；不得采购或者使用不符合食品安全标准的食品原料、食品添加剂、食品相关产品。《中华人民共和国食品安全法》第五十二条规定，食品、食品添加剂、食品相关产品的生产者，应当按照食品安全标准对所生产的食品、食品添加剂、食品相关产品进行检验，检验合格后方可出厂或者销售。

2022 年 8 月，某市场监督管理局执法人员在对食品生产企业日常监管中，发现某食品厂未按规定建立食品添加剂进货查验记录和未按规定对生产的食品进行检验，执法人员当日对当事人下达了《当场行政处罚决定书》，责令当事人改正上述违法行为，并作出警告处罚。10 月 17 日，执法人员再次对当事人生产经营活动进行检查时，发现当事人上述违法行为仍未改正。经查，当事人生产冬蓉馅料的配料为冬瓜、白砂糖、食品添加剂（脱氢乙酸钠），当事人在采购食品添加剂时未建立查验记录制度，未如实记录食品添加剂的相关信息，对所生产的食品未按照食品安全标准进行检验而对外销售。2022 年 8 月至今，当事人共生产原味、加糖味冬蓉馅料各 250 袋，对外分别以 30 元 / 袋、

40元/袋价格销售原味和加糖味各150袋。依照《中华人民共和国中华人民共和国食品安全法》第一百二十六条第一项、第三项规定，违反本法规定，有下列情形（食品、食品添加剂生产者未按规定对采购的食品原料和生产的食品、食品添加剂进行检验；食品、食品添加剂生产经营者进货时未查验许可证和相关证明文件，或者未按规定建立并遵守进货查验记录、出厂检验记录和销售记录制度），由县级以上人民政府食品安全监督管理部门责令改正，给予警告；拒不改正的，处5 000元以上5万元以下罚款；情节严重的，责令停产停业，直至吊销许可证。本局责令当事人立即按规定建立食品添加剂进货查验记录和对生产的食品进行检验，并决定对当事人作出处以6 000元罚款的行政处罚。

《中华人民共和国食品安全法》第一百二十六条第一项规定，有下列情形的，包括食品、食品添加剂生产者未按规定对采购的食品原料和生产的食品、食品添加剂进行检验，违反本法规定，由县级以上人民政府食品安全监督管理部门责令改正，给予警告；拒不改正的，处5 000元以上5万元以下罚款；情节严重的，责令停产停业，直至吊销许可证。

九、当企业生产经营无标签的预包装食品、食品添加剂或者标签、说明书不符合《中华人民共和国食品安全法》规定的食品、食品添加剂时，应当如何处罚？

《中华人民共和国食品安全法》第三十四条第十一项规定，禁止生产经营下列食品、食品添加剂、食品相关产品：（十一）无标签的预包装食品、食品添加剂。《中华人民共和国食品安全法》第六十七条规定，预包装食品的包装上应当有标签。标签应当标明下列事项：（一）名称、规格、净含量、生产日期；（二）成分或者配料表；（三）生产者的名称、地址、联系方式；（四）保质期；（五）产品标准代号；（六）贮存条件；（七）所使用的食品添加剂在国家标准中的通用名称；（八）生产许可证编号；（九）法律、法规或者食品安全标准规定应当标明的其他事项。专供婴幼儿和其他特定人群的主辅食品，其标签还应当标明主要营养成分及其含量。食品安全国家标准对标签标注事项另有规定的，从其规定。《中华人民共和国食品安全法》第七十条规定，食品添加剂应当有标签、说明书和包装。标签、说明书应当载明本法第六十七条第一项至第六项、第八项、第九项规定的事项，以及食品添加剂的使用范围、用量、使用方法，并在标签上载明"食品添加剂"字样。《中华人民共和国食品安全法》第七十一条规定，食品和食品添加剂的标签、说明书，不得含有虚假内容，不得涉及疾病预防、治疗功能。生产经营者对其提供的标签、说明书的内容负责。食品和食品添加剂的标签、说明书应当清楚、明显，生产日期、保质期等事项应当显著标注，容易辨识。

2021年4月，某市场监督管理局执法人员在执法检查中发现某食品配料有限公司生产加工场所的大门走廊左侧成品库区存放未贴标签的预包装食品，分别为未贴标签的猪膏20箱，每箱15桶（每桶1 kg），共计300桶（300 kg）；未贴标签的牛膏3箱，每箱15桶（每桶1 kg），共计45桶（45 kg）。现场检查时，该食品配料有限公司正在生产经营，执法人员现场提取了该公司的营业执照、生产许可证、食品生产许可品种明细表、法人身份证复印件等。依据《中华人民共和国食品安全法》第一百二十五条规定，该市场监督管理局对当事人作出以下处罚：没收涉案猪膏20箱（300桶），牛膏3箱（45桶）；处罚款19 000元。

《中华人民共和国食品安全法》一百二十五条第二项要求，

违反本法规定，有下列情形的（生产经营无标签的预包装食品、食品添加剂或者标签、说明书不符合本法规定的食品、食品添加剂），由县级以上人民政府食品药品监督管理部门没收违法所得和违法生产经营的食品、食品添加剂，并可以没收用于违法生产经营的工具、设备、原料等物品；违法生产经营的食品、食品添加剂货值金额不足1万元的，并处5 000元以上5万元以下罚款；货值金额1万元以上的，并处货值金额5倍以上10倍以下罚款；情节严重的，责令停产停业，直至吊销许可证。生产经营的食品、食品添加剂的标签、说明书存在瑕疵但不影响食品安全且不会对消费者造成误导的，由县级以上人民政府食品安全监督管理部门责令改正；拒不改正的，处2 000元以下罚款。

十、当食品生产经营者采购或者使用不符合食品安全标准的食品原料、食品添加剂、食品相关产品时，应当如何进行处罚？

《中华人民共和国食品安全法》第五十条规定，食品生产者采购食品原料、食品添加剂、食品相关产品，应当查验供货者的许可证和产品合格证明；对无法提供合格证明的食品原料，应当按照食品安全标准进行检验；不得采购或者使用不符合食品安全标准的食品原料、食品添加剂、食品相关产品。

某食品公司是一家从事牛肉粒生产的食品生产企业。经某区市场监督管理局查明，当事人采购的原料速冻牛肉（速冻生制品）标签标注：品名：速冻牛肉，配料：牛肉，产品标准号：SB/T 10379等信息。上述速冻牛肉配料仅为牛肉，不符合产品执行中华人民共和国国内贸易行业标准SB/T 10379—2012《速冻调制食品》的定义，上述行为不符合GB 7718—2011《食品安全国家标准　预包装食品标签通则》3.1的规定。

当事人采购的速冻牛肉标签仅标注了速冻生制品,未标注即食或非即食以及烹调加工方式等信息,产品合同中未有标签的相关注明事项,当事人也无法提供产品的补充说明书。上述产品标签标识不符合 GB 19295—2021《食品安全国家标准　速冻面米与调制食品》4.1 标识的规定。当事人采购上述速冻牛肉原料的采购单价为 24.6 元 / 千克,共采购 13 000 千克,货值金额为 319 800 元,上述速冻牛肉原料中已使用 7 000 千克,共生产牛肉粒成品 19 087 千克,结合当事人利润表,经数据分析,违法所得为 44 480 元。牛肉粒成品已全部销售,召回数量为 0 千克。

当事人的上述行为违反了《中华人民共和国食品安全法》第五十条规定,构成了采购及使用不符合食品安全标准的食品原料的违法行为。涉案产品速冻牛肉原料属于中等风险产品,因牛肉原料单价高,故货值金额高。办理案件期间,当事人积极配合市场监管部门调查,并主动联系原料生产商对标签进行了整改,且经第三方检测机构检验,当事人涉案速冻牛肉原料质量以及当事人用涉案速冻牛肉原料生产的牛肉粒成品均符合食品安全标准要求。综合以上因素,对当事人给予减轻行政处罚,处货值金额 1.3 倍罚款。依据《中华人民共和国食品安全法》第一百二十五条第四项规定,责令当事人立即改正,没收违法所得人民币 44 480 元,罚款人民币 215 780 元。

《中华人民共和国食品安全法》第一百二十五条第四项规定,违反本法规定,有下列情形的(食品生产经营者采购或者使用不符合食品安全标准的食品原料、食品添加剂、食品相关产品),由县级以上人民政府食品药品监督管理部门没收违法所得和违法生产经营的食品、食品添加剂,并可以没收用于违法生产经营的工具、设备、原料等物品;违法生产经营的食品、食品添加剂货值金额不足 1 万元的,并处 5 000 元以上

5万元以下罚款；货值金额1万元以上的，并处货值金额5倍以上10倍以下罚款；情节严重的，责令停产停业，直至吊销许可证。

十一、当企业生产经营时用超过保质期的食品原料、食品添加剂生产的食品、食品添加剂，如何进行处罚？

《中华人民共和国食品安全法》第三十四条规定，禁止生产经营下列食品、食品添加剂、食品相关产品：用超过保质期的食品原料、食品添加剂生产的食品、食品添加剂。

作为食品经营者，在食品生产过程中用严格的标准去衡量自身是否做到了安全卫生。在现实生活中，食品的原材料和添加剂一旦超过了规定的保质期限，虽然可能不会影响食品外观，但消费者食用了该食品后，可能会发生食源性疾病，危害身体健康。因此，应当对所经营的食品承担社会责任，绝不能用超过保质期的原材料和添加剂生产食品。若使用超过保质期的原材料和添加剂，一经发现，触犯了刑法规定的，应当依法承担刑事责任；尚不构成犯罪的，则由当地食品药品监管部门根据《中华人民共和国食品安全法》第一百二十四条进行处理。

《中华人民共和国食品安全法》第一百二十四条要求，违反本法规定，有下列情形（用超过保质期的食品原料、食品添加剂生产食品、食品添加剂，或者经营上述食品、食品添加剂），尚不构成犯罪的，由县级以上人民政府食品安全监督管理部门没收违法所得和违法生产经营的食品、食品添加剂；违法生产经营的食品、食品添加剂货值金额不足1万元的，并处5万元以上10万元以下罚款；货值金额1万元以上的，并处货值金额10倍以上20倍以下罚款；情节严重的，吊销许可证。

十二、当企业超范围、超限量使用食品添加剂生产经营食品时,如何处罚?

《中华人民共和国食品安全法》第三十四条规定,禁止生产经营下列食品、食品添加剂、食品相关产品:超范围、超限量使用食品添加剂的食品。

2021年12月,某市场监管局在食品抽检中发现,某香油坊生产加工的小磨香油,检出乙基香兰素,不符合当时施行的标准 GB 2760—2014《食品安全国家标准 食品添加剂使用标准》的要求,也不符合新颁布的 GB 2760—2024《食品安全国家标准 食品添加剂使用标准》的要求。该市场监管局依据相关法律法规,对当事人作出责令改正、没收用于违法生产经营的设备、没收违法所得、没收违法生产经营的散装香油,并处罚款24.3万元的行政处罚。

《中华人民共和国食品安全法》第一百二十四条规定,违反本法规定,有下列情形(生产经营超范围、超限量使用食品添加剂的食品),尚不构成犯罪的,由县级以上人民政府食品安全监督管理部门没收违法所得和违法生产经营的食品、食品添加剂;违法生产经营的食品、食品添加剂货值金额不足1万元的,并处5万元以上10万元以下罚款;货值金额1万元以上的,并处货值金额10倍以上20倍以下罚款;情节严重的,吊销许可证。

十三、当企业在食品生产经营中私自添加药品等非食品原料,危害人体健康,应该如何处罚?

《中华人民共和国食品安全法》第三十四条第一项规定,禁止生产经营下列食品、食品添加剂、食品相关产品,包括用非食品原料生产的食品或者添加食品添加剂以外的化学物质和其他可能危害人体健康物质的食品,或者用回收食品作为原料生产的食品;第三十八条规定,生产经营的食品中不得添加药品,但是可以添加按照传统既是食品又是中药材的物质。

2022年1月,某县市场监管局执法人员在"两超一非"专项整治过程中,对某药业有限公司食品生产经营场所开展检查,对该公司生产的"瘦了美"果味型果冻进行抽检。经第三方检验机构检验,该公司生产的"瘦了美"果味型果冻被检出"双酚沙丁",某县市场监管局立即责令企业暂停生产、销售问题食品,召回问题食品。经查,该批次产品共生产5 000盒,货值56 500元,召回4 895盒。果冻中检出双酚沙丁,不存在原料带入的可能,为企业主观故意添加。当事人的行为违反了《中华人民共和国食品安全法》,已涉嫌构成犯罪,某县市场监管局将该案移送公安机关处理。

《中华人民共和国食品安全法》第一百二十四条规定,违反本法规定,有下列情形之一(包括用非食品原料生产食品、在食品中添加食品添加剂以外的化学物质和其他可能危害人体健康的物质,或者用回收食品作为原料生产食品,或者经营上述食品;生产经营添加药品的食品),尚不构成犯罪的,由县级以上人民政府食品药品监督管理部门没收违法所得和违法生产经营的食品,并可以没收用于违法生产经营的工具、设备、原料等物品;违法生产经营的食品货值金额不足1万元的,并处10万元以上15万元以下罚款;货值金额1万元以上的,并处货值金额15倍以上30倍以下罚款;情节严重的,吊销许可证,并可以由公安机关对其直接负责的主管人员和其他直接责任人员处5日以上15日以下拘留。

十四、当企业生产经营转基因食品时未按规定进行标示,应当如何处罚?

转基因食品标识是转基因食品管理中的重要环节。如今消费者越来越关注转基因食品的安全问题，但消费者往往不知如何鉴别转基因食品，更难以知晓生产转基因食品的企业是否依法进行了标注。对转基因食品进行标识制度，有利于保障消费者的知情权和自主选择权。为此，《中华人民共和国食品安全法》第六十九条明确规定，生产经营转基因食品应当按照规定显著标示。依据《中华人民共和国食品安全法》第二十六条规定，食品安全标准包含对与卫生、营养等食品安全要求有关的标签、标志、说明书的要求。因此，我国法律要求对转基因食品进行强制性标示，而且标示应当显著，易于识别，否则违反了《中华人民共和国食品安全法》，属于不符合食品安全标准的食品。

《中华人民共和国食品安全法》第一百四十八条规定，生产不符合食品安全标准的食品或者经营明知是不符合食品安全标准的食品，消费者除要求赔偿损失外，还可以向生产者或者经营者要求支付价款10倍或者损失3倍的赔偿金；增加赔偿的金额不足1 000元的，为1 000元。但是，食品的标签、说明书存在不影响食品安全且不会对消费者造成误导的瑕疵的除外。

十五、食品生产经营企业在生产过程中未按规定建立食品安全管理制度，或者未按规定配备或者培训、考核食品安全管理人员，应当如何处罚？

《中华人民共和国食品安全法》第四十四条规定，食品生产经营企业应当建立健全食品安全管理制度，对职工进行食品安全知识培训，加强食品检验工作，依法从事生产经营活动。食品生产经营企业的主要负责人应当落实企业食品安全管理制度，对本企业的食品安全工作全面负责。食品生产经营企业应当配备食品安全管理人员，加强对其培训和考核。经考核不具备食品安全管理能力的，不得上岗。食品安全监督管理部门应当对企业食品安全管理人员随机进行监督抽查考核并公布考核情况。监督抽查考核不得收取费用。

2023年4月，执法人员在对某市某大饭店进行监督检查时发现，该单位未按照《企业落实食品安全主体责任监督管理规定》制定食品安全风险管控清单，未建立健全日管控、周排查、月调度工作制度和机制，《每日食品安全检查记录》《每周食品安全排查治理报告》《每月食品安全调度会议纪要》"三本账"材料都缺失。当事人的行为违反了《企业落实食品安全主体责任监督管理规定》第十条之规定，该市市场监管局依据《企业落实食品安全主体责任监督管理规定》第十八条和《中华人民共和国食品安全法》第一百二十六条之规定对其作出行政处罚。

《中华人民共和国食品安全法》第一百二十六条要求，违反本法规定，有下列情形的（食品生产经营企业未按规定建立食品安全管理制度，或者未按规定配备或者培训、考核食品安全管理人员），由县级以上人民政府食品安全监督管理部门责令改正，给予警告；拒不改正的，处5 000元以上5万元以下罚款；情节严重的，责令停产停业，直至吊销许可证。

十六、食品、食品添加剂生产经营者进货时未查验许可证和相关证明文件，或者未按规定建立并遵守进货查验记录、出厂检验记录和销售记录制度，应当如何处罚？

《中华人民共和国食品安全法》第五十条规定，食品生产者采购食品原料、食品添加剂、食品相关产品，应当查验供货者的许可证和产品合格证明；对无法提供合格证明的食品原料，应当按照食品安全标准进行检验；不得采购或者使用不符合食品安全标准的食品原料、食品添加剂、食品相关产品。食品生产企业应当建立食品原料、食品添加剂、食品相关产品进货查验记录制度，如实记录食品原料、食品添加剂、食品相关产品的名称、规格、数量、生产日期或者生产批号、保质期、进货日期以及供货者名称、地址、联系方式等内容，并保存相关凭证。记录和凭证保存期限不得少于产品保质期满后六个月；没有明确保质期的，保存期限不得少于二年。《中华人民共和国食品安全法》第五十一条规定，食品生产企业应当建立食品出厂检验记录制度，查验出厂食品的检验合格证和安全状况，如实记录食品的名称、规格、数量、生产日期或者生产批号、保质期、检验合格证号、销售日期以及购货者名称、地址、联系方式等内容，并保存相关凭证。记录和凭证保存期限应当符合本法第五十条的规定。《中华人民共和国食品安全法》第五十三条规定，食品经营者采购食品，应当查验供货者的许可证和食品出厂检验合格证或者其他合格证明（简称合格证明文件）。食品经营企业应当建立食品进货查验记录制度，如实记录食品的名称、规格、数量、生产日期或者生产批号、保质期、进货日期以及供货者名称、地址、联系方式等内容，并保存相关凭证。记录和凭证保存期限应当符合本法第五十条的规定。实行统一配送经营方式的食品经营企业，可以由企业总部统一查验供货者的许可证和食品合格证明文件，进行食品进货查验记录。从事食品批发业务的经营企业应当建立食品销售记录制度，如实记录批发食品的名称、规格、数量、生产日期或者生产批号、保质期、销售日期以及购货者名称、地址、联系方式等内容，并保存相关凭证。记录和凭证保存期限应当符合本法第五十条的规定。《中华人民共和国食品安全法》第一百二十六条第三项规定，违反本法规定，有下列情形的（食品、食品添加剂生产经营者进货时未查验许可证和相关证明文件，或者未按规定建立并遵守进货查验记录、出厂检验记录和销售记录制度），由县级以上人民政府食品安全监督管理部门责令改正，给予警告；拒不改正的，处5 000元以上5万元以下罚款；情节严重的，责令停产停业，直至吊销许可证。《中华人民共和国食品安全法》第一百三十六条规定，食品经营者履行了本法规定的进货查验等义务，有充分证据证明其不知道所采购的食品不符合食品安全标准，并能如实说明其进货来源的，可以免予处罚，但应当依法没收其不符合食品安全标准的食品；造成人身、财产或者其他损害的，依法承担赔偿责任。

2020年9月，某局执法人员依法对当事人检查，发现冷冻食品调理翅中（采购日期2020年8月20日），当事人不能提供供货者的《营业执照》《食品经营许可证》和其他合格证明文件，该局即日下达了《责令改正通知书》，责令当事人在2020年9月14日前改正。2020年9月21日本局对当事人再次检查，当事人仍然不能提供调理翅中（采购日期2020年9月20日）供货者的《营业执照》《食品经营许可证》和其他合格证明文件。当事人采购上述食品时，未查验供货者的《营业执照》《食品经营许可证》和合格证明文件，本局下达《责令改正通知书》后，当事人进货时仍然未查验许可证和合格证明文件，是进货时未查验许可证和合格证明文件的行为。其行为违反了《中华人民共和国食品安全法》第五十三条规定，食品经营者采购食品，应当查验供货者的许可证和食品出厂检验合格证或者其他合格证明之规定，属进货时未查验许可证和相关证明文件的行为。根据《中华人民共和国食品安全法》第一百二十六条第三项规定，决定对当事人作如下行政处罚：责令改正；罚款7 000元。

十七、食品生产经营者在生产过程中安排未取得健康证明或者患有国务院卫生行政部门规定的有碍食品安全疾病的人员从事接触直接入口食品的工作时，应当如何处罚？

《中华人民共和国食品安全法》第四十五条规定，食品生产经营者应当建立并执行从业人员健康管理制度。患有国务院卫生行政部门规定的有碍食品安全疾病的人员，不得从事接触直接入口食品的工作。从事接触直接入口食品工作的食品生产经营人员应当每年进行健康检查，取得健康证明后方可上岗工作。

某市场监督管理局执法人员 2023 年 11 月日常检查时发现某企业管理有限公司餐饮服务人员李某正在加工饭菜不能提供健康证明。当场给予警告并责令改正其违法行为。执法人员于 2023 年 11 月 7 日对该公司食堂进行复查时发现，该公司食堂餐饮服务人员李某正在加工饭菜仍不能提供健康证明。本案于 2023 年 11 月 10 日提交立案申请，同日经主管局长批准立案，调查询问证人、提取证据均有两名执法人员参与并出示证件，且有当事人在场。

《中华人民共和国食品安全法》第一百二十六条第六项规定，违反本法规定，有下列情形的（食品生产经营者安排未取得健康证明或者患有国务院卫生行政部门规定的有碍食品安全疾病的人员从事接触直接入口食品的工作），由县级以上人民政府食品安全监督管理部门责令改正，给予警告；拒不改正的，处 5 000 元以上 5 万元以下罚款；情节严重的，责令停产停业，直至吊销许可证。

十八、当食品生产经营者未定期对食品安全状况进行检查评价，或者生产经营条件发生变化，未按规定处理时，应当如何处罚？

《中华人民共和国食品安全法》第四十七条规定，食品生产经营者应当建立食品安全自查制度，定期对食品安全状况进行检查评价。生产经营条件发生变化，不再符合食品安全要求的，食品生产经营者应当立即采取整改措施；有发生食品安全事故潜在风险的，应当立即停止食品生产经营活动，并向所在地县级人民政府食品安全监督管理部门报告。

2021年12月7日，某县市场监管局执法人员依法对该县某豆粉有限公司的生产场所进行检查，发现当事人的生产条件发生变化，不再符合食品安全要求，作出当场处罚，责令当事人立即整改。当事人未对生产条件进行整改，继续在2021年12月11日和12月12日进行生产。经查，当事人的生产条件发生变化，不符合GB 14881—2013《食品安全国家标准 食品生产通用卫生规范》的要求，经执法人员责令改正后，仍拒不改正。该县市场监管局责令当事人改正上述违法行为，并对当事人作出罚款5 100元的行政处罚决定。

《中华人民共和国食品安全法》第一百二十六条第十一项规定，违反本法规定，有下列情形的（食品生产经营者未定期对食品安全状况进行检查评价，或者生产经营条件发生变化，未按规定处理），由县级以上人民政府食品安全监督管理部门责令改正，给予警告；拒不改正的，处5 000元以上5万元以下罚款；情节严重的，责令停产停业，直至吊销许可证。

十九、当食品生产经营者未按要求进行食品贮存、运输和装卸时，应当如何处罚？

《中华人民共和国食品安全法》第三十三条第六项规定，食品生产经营应当符合食品安全标准,并符合下列要求:贮存、运输和装卸食品的容器、工具和设备应当安全、无害,保持清洁,防止食品污染,并符合保证食品安全所需的温度、湿度等特殊要求,不得将食品与有毒、有害物品一同贮存、运输。《中华人民共和国食品安全法》第五十四条规定,食品经营者应当按照保证食品安全的要求贮存食品,定期检查库存食品,及时清理变质或者超过保质期的食品。食品经营者贮存散装食品,应当在贮存位置标明食品的名称、生产日期或者生产批号、保质期、生产者名称及联系方式等内容。

某物流公司是一家专门从事食品运输的企业。2016年12月,当地一家速冻食品公司委托该物流企业运输一批食品到邻县一家超市。由于这家食品公司要运输的速冻食品对温度有特殊要求,因此,特别告诉该物流企业要用专门的冷藏车进行运输,以防食品变质,并且询问了他们是否具备这种车辆。该物流企业答应了食品公司的要求。可是,他们并没有相关设备来满足运输这批食品所需要的条件。他们认为,反正是冬天,并且距离不是很远,根本不需要专门的设备来进行运输。

非食品生产经营者在贮存、运输和装卸食品的过程中,也要保证食品的安全卫生,以防食品被污染。此外,如果食品对温度、湿度等有特殊要求,相关的非食品经营者也必须符合这些要求。如果食品的安全问题是由于他们的原因导致的,这些非食品经营者也要承担相应的法律责任。《中华人民共和国食品安全法》第一百三十二条明确规定,非食品生产经营者如果违反本法规定,未按要求进行食品贮存、运输和装卸的,由县级以上人民政府食品药品监督管理等部门按照各自职责分工责令改正,给予警告;拒不改正的,责令停产停业,并处1万元以上5万元以下罚款;情节严重的,吊销许可证。本案例中,该物流公司的做法是违法的,如果导致食品变质,出现食品安全问题，要承担一定的法律责任。

《中华人民共和国食品安全法》第一百三十二条要求，违反本法规定，未按要求进行食品贮存、运输和装卸的，由县级以上人民政府食品安全监督管理等部门按照各自职责分工责令改正，给予警告；拒不改正的，责令停产停业，并处 1 万元以上 5 万元以下罚款；情节严重的，吊销许可证。

二十、当保健食品生产企业未按规定向食品安全监督管理部门备案，或者未按备案的产品配方、生产工艺等技术要求组织生产时，应当如何处罚？

《中华人民共和国食品安全法》第七十七条规定，依法应当注册的保健食品，注册时应当提交保健食品的研发报告、产品配方、生产工艺、安全性和保健功能评价、标签、说明书等材料及样品，并提供相关证明文件。国务院食品安全监督管理部门经组织技术审评，对符合安全和功能声称要求的，准予注册；对不符合要求的，不予注册并书面说明理由。对使用保健食品原料目录以外原料的保健食品作出准予注册决定的，应当及时将该原料纳入保健食品原料目录。依法应当备案的保健食品，备案时应当提交产品配方、生产工艺、标签、说明书以及表明产品安全性和保健功能的材料。《中华人民共和国食品安全法》第八十二条规定，保健食品、特殊医学用途配方食品、婴幼儿配方乳粉生产企业应当按照注册或者备案的产品配方、生产工艺等技术要求组织生产。

2017 年 10 月，某市食品药品监管局执法人员在某公司现场检查发现，公司成品库中存有维生素 D 咀嚼片 150 瓶。标签标注的保健食品备案号为食健备 G2017**000179，生产企业标称为该公司。公司《营业执照》载明的经营范围为生产、销售保健食品，公司未能提供保健食品生产许可证。同时，在生产车间发现2本维生素D咀嚼片的生产记录，在办公室发现维生素D咀嚼片的销售记录。立案后调查认定，乙公司未取得维生素D咀嚼片的保健食品生产备案号，也未取得食品生产许可。涉案产品标识的保健食品备案号并不存在。根据生产销售记录，该公司共生产涉案产品200瓶，货值4 000元。其中50瓶已销往A市丙商场。调查期间，该公司已将产品全部召回。涉案产品经检验符合标准规定。该市食品药品监管局认为，该公司生产保健食品的行为，违反了《中华人民共和国食品安全法》关于从事食品生产应当取得生产许可、保健食品生产应当依法办理备案以及保健食品标签不得含有虚假内容等要求。鉴于该公司生产产品的数量和货值金额较少，产品经检验合格，且已召回全部销售产品，不属于情节严重情形。H市食品药品监管局决定，对同一行为违反不同法律条款规定的，按照择一重处罚原则，对乙公司依照《中华人民共和国食品安全法》第一百二十二条予以处罚，同时移送A市食品药品监管局对丙商场的经营行为进行调查处理。

《中华人民共和国食品安全法》第一百二十六条第八项规定，违反本法规定，有下列情形的（保健食品生产企业未按规定向食品安全监督管理部门备案，或者未按备案的产品配方、生产工艺等技术要求组织生产），由县级以上人民政府食品安全监督管理部门责令改正，给予警告；拒不改正的，处5 000元以上5万元以下罚款；情节严重的，责令停产停业，直至吊销许可证。

二十一、食品生产经营者生产经营的食品符合食品安全标准但不符合食品所标注的企业标准规定的如何处罚？

《中华人民共和国食品安全法实施条例》第七十四条规定，食品生产经营者生产经营的食品符合食品安全标准但不符合食品所标注的企业标准规定的食品安全指标的，由县级以上人民政府食品安全监督管理部门给予警告，并责令食品经营者停止经营该食品，责令食品生产企业改正；拒不停止经营或者改正的，没收不符合企业标准规定的食品安全指标的食品，货值金额不足 1 万元的，并处 1 万元以上 5 万元以下罚款，货值金额 1 万元以上的，并处货值金额 5 倍以上 10 倍以下罚款。

附 录

附录 1 政策法规目录

序号	政策法规
1	《中华人民共和国食品安全法》2021 年修正版（主席令第二十一号）
2	《中华人民共和国食品安全法实施条例》（国务院令第 721 号）2019 年修订版
3	《中华人民共和国农产品质量安全法》2022 年修订版（主席令第一二〇号）
4	《食用农产品市场销售质量安全监督管理办法》2023 年修订版（国家市场监督管理总局令第 81 号）
5	《食品生产经营监督检查管理办法》（国家市场监督管理总局令第 49 号）
6	《企业落实食品安全主体责任监督管理规定》（国家市场监督管理总局令第 60 号）
7	《食品生产许可管理办法》2020 年修订版（国家市场监督管理总局令第 24 号）
8	国家市场监督管理总局关于发布《食品生产许可审查通则（2022 版）》的公告（2022 年第 33 号）
9	《食品生产许可审查通则（2022 版）》问答
10	《国家卫生计生委关于印发有碍食品安全的疾病目录的通知》（国卫食品发〔2016〕31 号）

附录2　各食品类别生产许可审查细则目录

序号	生产许可审查细则
1	《食品生产许可审查通则（2022版）》国家市场监督管理总局公告（2022年第33号）
2	《小麦粉生产许可证审查细则（2005版）》（国质检监〔2005〕15号）、《关于发布食品生产许可证审查细则修改单的通知》（国质检监函〔2005〕776号）
3	《大米生产许可证审查细则（2005版）》（国质检监〔2005〕15号）、《关于发布食品生产许可证审查细则修改单的通知》（国质检监函〔2005〕776号）
4	《挂面生产许可证审查细则（2006版）》（国质检食监〔2006〕365号）
5	《其他粮食加工品生产许可证审查细则（2006版）》（国质检食监〔2006〕646号）
6	《食用植物油生产许可证审查细则（2006版）》（国质检食监〔2006〕646号）
7	《食用油脂制品生产许可证审查细则（2006版）》（国质检食监〔2006〕646号）
8	《食用动物油脂生产许可证审查细则（2006版）》（国质检食监〔2006〕646号）
9	《酱油生产许可证实施细则（2005版）》（国质检监〔2005〕15号）
10	《食醋生产许可证实施细则（2005版）》（国质检监〔2005〕15号）
11	《味精生产许可证实施细则（2005版）》（国质检监〔2005〕15号）
12	《酱类生产许可证审查细则（2006版）》（国质检食监〔2006〕365号）
13	《鸡精调味料生产许可证审查细则（2006版）》（国质检食监〔2006〕365号）
14	《调味料产品生产许可证审查细则（2006版）》（国质检食监〔2006〕646号）

（续表）

序号	生产许可审查细则
15	《肉制品生产许可审查细则（2023版）》（国家市场监督管理总局公告〔2023〕第34号）
16	《企业生产乳制品许可条件审查细则（2010版）》（总局2010年第119号附件）、市场监管总局办公厅关于明确再制干酪和干酪制品生产许可有关事项的通知（市监食生函〔2022〕1705号）
17	《总局关于发布饮料生产许可审查细则（2017版）的公告》（2017年第166号）
18	《方便面生产许可证审查细则（2006年版）》（国质检食监〔2005〕15号）
19	《其他方便食品生产许可证审查细则（2006版）》（国质检食监〔2006〕646号）
20	《饼干生产许可证审查细则（2005版）》（国质检监〔2005〕15号）、《关于发布食品生产许可证审查细则修改单的通知》（国质检监函〔2005〕776号）
21	《罐头食品生产许可证审查细则（2006版）》（国质检食监〔2006〕646号）
22	《冷冻饮品生产许可证审查细则（2005版）》（国质检监〔2005〕15号）
23	《速冻食品生产许可证审查细则（2006版）》（国质检食监〔2006〕646号）
24	《膨化食品生产许可证审查细则（2005版）》（国质检监〔2005〕15号）
25	《薯类食品生产许可证审查细则（2006版）》（国质检食监〔2006〕646号）
26	《糖果制品生产许可证审查细则（2004版）》（国质检监〔2004〕557号）
27	《巧克力及巧克力制品生产许可证审查细则（2006版）》（国质检食监〔2006〕646号）

（续表）

序号	生产许可审查细则
28	《果冻生产许可证审查细则（2006版）》（国质检食监〔2006〕365号）
29	《茶叶生产许可证审查细则（2006版）》（国质检食监函〔2006〕462号）
30	《边销茶生产许可证审查细则（2006版）》（国质检食监函〔2006〕462号）
31	《含茶制品和代用茶生产许可证审查细则（2006版）》（国质检食监〔2006〕646号）
32	《白酒生产许可证审查细则（2006版）》（国质检食监〔2006〕428号）
33	《葡萄酒及果酒生产许可证审查细则（2004版）》（国质检监〔2004〕557号）
34	《啤酒生产许可证审查细则（2004版）》（国质检监〔2004〕557号）
35	《黄酒生产许可证审查细则（2004版）》（国质检监〔2004〕557号）
36	《其他酒生产许可证审查细则（2006版）》（国质检食监〔2006〕646号）
37	国家质量监督检验检疫总局关于发布《食用酒精产品生产许可证换（发）证实施细则》及检验单位的通知（全许办〔2004〕09号）
38	《酱腌菜生产许可证审查细则（2004版）》（国质检监〔2004〕557号）
39	《蔬菜干制品生产许可证审查细则（2006版）》（国质检食监〔2006〕646号）
40	《食用菌制品生产许可证审查细则（2006版）》（国质检食监〔2006〕646号）
41	《蜜饯生产许可证审查细则（2004版）》（国质检监〔2004〕557号）
42	《水果制品生产许可证审查细则（2006版）》（国质检食监〔2006〕646号）
43	《炒货食品及坚果制品生产许可证审查细则（2006版）》（国质检食监〔2006〕646号）

(续表)

序号	生产许可审查细则
44	《蛋制品生产许可证审查细则（2006版）》（国质检食监〔2006〕646号）
45	《可可制品生产许可证审查细则（2004版）》（国质检食监〔2004〕557号）
46	《焙炒咖啡生产许可证审查细则（2004版）》（国质检食监〔2004〕557号）
47	《糖生产许可证审查细则（2006版）》（国质检食监〔2006〕646号）
48	《干制水产品生产许可证审查细则（2004版）》（国质检食监〔2004〕557号）
49	《盐渍水产品生产许可证审查细则（2004版）》（国质检食监〔2004〕557号）
50	《鱼糜制品生产许可证审查细则（2004版）》（国质检食监〔2004〕557号）
51	《其他水产加工品生产许可证审查细则（2006版）》（国质检食监〔2006〕646号）
52	《淀粉及淀粉制品生产许可证审查细则（2004版）》（国质检食监〔2004〕557号）
53	《淀粉糖生产许可证审查细则（2006版）》（国质检食监〔2006〕646号）
54	《糕点生产许可证审查细则（2006版）》（国质检食监〔2006〕365号）
55	《豆制品生产许可证审查细则（2006版）》（国质检食监〔2006〕365号）
56	《其他豆制品生产许可证审查细则（2006版）》（国质检食监〔2006〕646号）
57	市场监管总局关于公布《蜂产品生产许可审查细则（2022版）》的公告（2022年第10号）
58	《国家食品药品监督管理总局关于印发保健食品生产许可审查细则的通知》（食药监食监三〔2016〕151号）

(续表)

序号	生产许可审查细则
59	市场监管总局关于发布《特殊医学用途配方食品生产许可审查细则》的公告（2019年第5号）
60	市场监管总局关于发布《婴幼儿配方乳粉生产许可审查细则（2022版）》的公告（2022年第38号）
61	《国家食品药品监督管理总局关于发布婴幼儿辅助食品生产许可审查细则（2017版）的公告》（2017年第4号）
62	《山东省冷藏预制调理食品生产许可审查方案（试行）》鲁市监食生规字〔2023〕15号

附录 3 标准目录

序号	标准
1	GB 1351—2023《小麦》
2	GB 2760—2024《食品安全国家标准 食品添加剂使用标准》
3	GB/T 2828.1—2012《计数抽样检验程序 第1部分：按接收质量限（AQL）检索的逐批检验抽样计划》
4	GB 7718—2011《预包装食品标签通则》
5	GB/T 8887—2021《淀粉分类》
6	GB 8950—2016《食品安全国家标准 罐头食品生产卫生规范》
7	GB 8951—2016《食品安全国家标准 蒸馏酒及其配制酒生产卫生规范》
8	GB 8952—2016《食品安全国家标准 啤酒生产卫生规范》
9	GB 8953—2018《食品安全国家标准 酱油生产卫生规范》
10	GB 8954—2016《食品安全国家标准 食醋生产卫生规范》
11	GB 8955—2016《食品安全国家标准 食用植物油及其制品生产卫生规范》
12	GB 8956—2016《食品安全国家标准 蜜饯生产卫生规范》
13	GB 8957—2016《食品安全国家标准 糕点、面包卫生规范》
14	GB/T 10784—2020《罐头食品分类》
15	GB 12695—2016《食品安全国家标准 饮料生产卫生规范》
16	GB 12696—2016《食品安全国家标准 发酵酒及其配制酒生产卫生规范》
17	GB 13122—2016《食品安全国家标准 谷物加工卫生规范》
18	GB 14881—2013《食品安全国家标准 食品生产通用卫生规范》
19	GB 16740—2014《食品安全国家标准 保健食品》

(续表)

序号	标准
20	GB/T 17204—2021《饮料酒术语和分类》
21	GB 17403—2016《食品安全国家标准 糖果巧克力生产卫生规范》
22	GB 17404—2016《食品安全国家标准 膨化食品生产卫生规范》
23	GB 17405—1998《保健食品良好生产规范》
24	GB/T 19001—2016《质量管理体系 要求》
25	GB 19303—2023《食品安全国家标准 熟肉制品生产卫生规范》
26	GB 19304—2018《食品安全国家标准 包装饮用水生产卫生规范》
27	GB/T 20370—2021《酶制剂分类导则》
28	GB/T 20903—2007《调味品分类》
29	GB 20941—2016《食品安全国家标准 水产制品生产卫生规范》
30	GB 21710—2016《食品安全国家标准 蛋与蛋制品生产卫生规范》
31	GB/T 21725—2017《天然香辛料 分类》
32	GB 23790—2023《食品安全国家标准 婴幼儿配方食品良好生产规范》
33	GB/T 23823—2009《糖果分类》
34	GB/T 26604—2011《肉制品分类》
35	GB 28050—2011《食品安全国家标准 预包装食品营养标签通则》
36	GB/T 28720—2012《淀粉糖分类通则》
37	GB 29922—2013《食品安全国家标准 特殊医学用途配方食品通则》
38	GB 29923—2023《食品安全国家标准 特殊医学用途配方食品良好生产规范》
39	GB/T 30590—2014《冷冻饮品分类》
40	GB/T 30644—2014《食品生产加工企业电子记录通用要求》

（续表）

序号	标准
41	GB/T 30645—2014《糕点分类》
42	GB/T 30766—2014《茶叶分类》
43	GB 31621—2014《食品安全国家标准 食品经营过程卫生规范》
44	GB 31646—2018《食品安全国家标准 速冻食品生产和经营卫生规范》
45	GB 31647—2018《食品安全国家标准 食品添加剂生产通用卫生规范》
46	GB 31654—2021《食品安全国家标准 餐饮服务通用卫生规范》
47	GB/T 32099—2015《酵母产品分类导则》
48	GB/T 32687—2016《氨基酸产品分类导则》
49	GB/T 34262—2017《蛋与蛋制品术语和分类》
50	GB/T 35886—2018《食糖分类》
51	GB/T 36760—2018《工具酶术语和分类》
52	GB/T 40636—2021《挂面》
53	GB/T 41545—2022《水产品及水产加工品分类与名称》
54	NY/T 3100—2017《马铃薯主食产品 分类和术语》
55	NY/T 4330—2023《辣椒制品分类及术语》
56	QB/T 5284—2018《冷冻食品术语与分类》
57	QB/T 5324—2018《酵素产品分类导则》
58	SB/T 10029—2012《新鲜蔬菜分类与代码》
59	SB/T 10171—1993《腐乳分类》
60	SB/T 10172—1993《酱的分类》
61	SB/T 10173—1993《酱油分类》
62	SB/T 10174—1993《食醋的分类》

（续表）

序号	标准
63	SB/T 10671—2012《坚果炒货食品 分类》
64	SB/T 10687—2012《大豆食品分类》
65	SB/T 10297—1999《酱腌菜分类》
66	SB/T 10639—2011《蛋与蛋制品分类与代码》
67	SC 3001—1989《水产及水产加工品分类与名称》
68	SC/T 3055—2022《藻类产品分类与名称》
69	T/CNFIA 001—2017《食品保质期通用指南》

附录 4　食品信息资源平台目录

用途	平台名称	网址
政策法规查询	中国政府网	http://www.gov.cn/index.htm
	国家市场监督管理总局	http://www.samr.gov.cn/
	国家卫生健康委员会	http://www.nhc.gov.cn/
	中华人民共和国农业农村部	http://www.moa.gov.cn/
	司法部法律法规数据库	http://search.chinalaw.gov.cn/search2.html
	食品伙伴网食品法规中心	http://law.foodmate.net/
	食品及食用农产品标准法规信息支撑和综合应用平台	https://amr.sz.gov.cn/GFS/web
标准查询	国家标准化管理委员会	http://www.sac.gov.cn/
	中国标准信息服务网	https://www.sacinfo.cn/
	全国标准信息公共服务平台	http://std.samr.gov.cn/
	国家标准全文公开系统	http://openstd.samr.gov.cn/bzgk/gb/index
	食品安全国家标准数据检索平台	https://sppt.cfsa.net.cn:8086/db
	行业标准信息服务平台	http://hbba.sacinfo.org.cn/
	地方标准信息服务平台	http://dbba.sacinfo.org.cn/
	全国团体标准信息服务平台	http://www.ttbz.org.cn/
	企业标准信息公共服务平台	http://www.cpbz.gov.cn/index

(续表)

用途	平台名称	网址
标准查询	食品伙伴网标准库	http://down.foodmate.net/standard/index.html
	食品及食用农产品标准法规信息支撑和综合应用平台	https://amr.sz.gov.cn/GFS/web
许可申请及获证企业信息查询	国家政务服务平台	https://gjzwfw.www.gov.cn/
	食品生产许可获证企业信息查询平台	https://spaqjg.e-cqs.cn/spscxk/
	国家卫生健康委员会卫生行政许可公众查询	https://slps.jdzx.net.cn/xwfb/gzcx/PassFileQuery.jsp
	验证电子营业执照	https://zzapp.gsxt.gov.cn/
	中国物品编码中心	http://www.gs1cn.org/
	全国组织机构统一社会信用代码公示查询平台	https://www.cods.org.cn/
知识产权及专利	中国保护知识产权网	http://ipr.mofcom.gov.cn/index.shtml
	中国及多国专利审查信息查询	http://cpquery.cnipa.gov.cn/
食品检测	中国食品药品检定研究院	https://www.nifdc.org.cn/nifdc/
	食品安全抽检公布结果查询系统	https://spcjsac.gsxt.gov.cn/
	食品补充检验方法数据库	http://www.samr.gov.cn/spcjs/bcjyff/
	食品快速检测方法数据库	http://www.samr.gov.cn/spcjs/ksjcff/
食品原料	新资源食品、新食品原料、食品相关产品新品种、消毒产品、涉水产品	https://dbxinshipin.sy.foodvip.net/

附录5　按照传统既是食品又是中药材的物质公告及目录

卫生部关于进一步规范保健食品原料管理的通知（卫法监发〔2002〕51号）

各省、自治区、直辖市卫生厅局、卫生部卫生监督中心：

为进一步规范保健食品原料管理，根据《中华人民共和国食品卫生法》，现印发《既是食品又是药品的物品名单》、《可用于保健食品的物品名单》和《保健食品禁用物品名单》（见附件），并规定如下：

一、申报保健食品中涉及的物品（或原料）是我国新研制、新发现、新引进的无食用习惯或仅在个别地区有食用习惯的，按照《新资源食品卫生管理办法》的有关规定执行。

二、申报保健食品中涉及食品添加剂的，按照《食品添加剂卫生管理办法》的有关规定执行。

三、申报保健食品中涉及真菌、益生菌等物品（或原料）的，按照我部印发的《卫生部关于印发真菌类和益生菌类保健食品评审规定的通知》（卫法监发〔2001〕84号）执行。

四、申报保健食品中涉及国家保护动植物等物品（或原料）的，按照我部印发的《卫生部关于限制以野生动植物及其产品为原料生产保健食品的通知》（卫法监发〔2001〕160号）、《卫生部关于限制以甘草、麻黄草、苁蓉和雪莲及其产品为原料生产保健食品的通知》（卫法监发〔2001〕188号）、《卫生部关于不再审批以熊胆粉和肌酸为原料生产的保健食品的通告》（卫法监发〔2001〕267号）等文件执行。

五、申报保健食品中含有动植物物品（或原料）的，动植物物品（或原料）总个数不得超过14个。如使用附件1之外的动植物物品（或原料），个数不得超过4个；使用附件

1和附件2之外的动植物物品（或原料），个数不得超过1个，且该物品（或原料）应参照《食品安全性毒理学评价程序》（GB 15193.1—1994）中对食品新资源和新资源食品的有关要求进行安全性毒理学评价。

以普通食品作为原料生产保健食品的，不受本条规定的限制。

六、以往公布的与本通知规定不一致的，以本通知为准。

附件：1. 既是食品又是药品的物品名单

2. 可用于保健食品的物品名单

3. 保健食品禁用物品名单

二〇〇二年二月二十八日

附件1 既是食品又是药品的物品名单

（按笔划顺序排列）

丁香、八角茴香、刀豆、小茴香、小蓟、山药、山楂、马齿苋、木瓜、乌梢蛇、乌梅、火麻仁、玉竹、甘草、龙眼肉（桂圆）、代代花、白芷、白果、白扁豆、白扁豆花、百合、肉豆蔻、肉桂、决明子、麦芽、赤小豆、花椒、芡实、杏仁（甜、苦）、牡蛎、佛手、余甘子、沙棘、阿胶、鸡内金、青果、枣（大枣、酸枣、黑枣）、郁李仁、昆布、罗汉果、金银花、鱼腥草、茯苓、枳椇子、栀子、枸杞子、砂仁、香橼、香薷、胖大海、姜（生姜、干姜）、莱菔子、莲子、荷叶、橘红、桔梗、桃仁、高良姜、益智仁、桑叶、桑葚、黄芥子、黄精、菊苣、菊花、淡竹叶、淡豆豉、葛根、紫苏、紫苏籽、黑芝麻、黑胡椒、蒲公英、槐米、槐花、蜂蜜、榧子、酸枣仁、鲜白茅根、鲜芦根、蝮蛇、薤白、薏苡仁、薄荷、橘皮、覆盆子、藿香。

附件2 可用于保健食品的物品名单
（按笔划顺序排列）

人参、人参叶、人参果、三七、土茯苓、大蓟、山茱萸、川贝母、川牛膝、川芎、女贞子、马鹿茸、马鹿骨、马鹿胎、天门冬、天麻、木香、木贼、五加皮、五味子、太子参、车前子、车前草、牛蒡子、牛蒡根、升麻、丹参、巴戟天、石决明、石斛（需提供可使用证明）、平贝母、北沙参、生地黄、生何首乌、白及、白术、白芍、白豆蔻、玄参、地骨皮、西洋参、当归、竹茹、红花、红景天、麦门冬、远志、赤芍、苍术、芦荟、杜仲、杜仲叶、吴茱萸、牡丹皮、龟甲、沙苑子、怀牛膝、诃子、补骨脂、青皮、玫瑰花、玫瑰茄、苦丁茶、刺五加、刺玫果、罗布麻、制大黄、制何首乌、知母、侧柏叶、佩兰、金荞麦、金樱子、泽兰、泽泻、珍珠、茜草、荜茇、胡芦巴、枳壳、枳实、柏子仁、厚朴、厚朴花、韭菜子、骨碎补、香附、姜黄、首乌藤、绞股蓝、党参、积雪草、益母草、浙贝母、桑白皮、桑枝、黄芪、菟丝子、野菊花、银杏叶、淫羊藿、越橘、蛤蚧、番泻叶、湖北贝母、蒺藜、蒲黄、槐实、蜂胶、酸角、墨旱莲、熟大黄、熟地黄、鳖甲。

附件3 保健食品禁用物品名单
（按笔划顺序排列）

八里麻、八角莲、土青木香、山莨菪、千金子、川乌、广防己、马钱子、马桑叶、天仙子、水银、长春花、六角莲、巴豆、甘遂、石蒜、生天南星、生白附子、生半夏、生狼毒、白降丹、夹竹桃、朱砂、羊角拗、羊踯躅、关木通、米壳（罂粟壳）、农吉痢、红升丹、红豆杉、红茴香、红粉、丽江山慈菇、青娘虫、昆明山海棠、鱼藤、京大戟、闹羊花、河豚、草乌、砒石（白砒、红砒、砒霜）、牵牛子、香加皮（杠柳皮）、鬼臼、洋地黄、洋金花、骆驼蓬、莽草、铁棒槌、铃兰、黄花夹竹桃、雪上一枝蒿、斑蝥、硫黄、雄黄、雷公藤、颠茄、藜芦、蟾酥。

关于当归等 6 种新增按照传统既是食品又是中药材的物质公告（2019 年第 8 号）

根据《食品安全法》规定，经安全性评估并广泛征求意见，现将当归、山柰、西红花、草果、姜黄、荜茇等 6 种物质纳入按照传统既是食品又是中药材的物质目录管理，仅作为香辛料和调味品使用。按照传统既是食品又是中药材的物质作为食品生产经营时，其标签、说明书、广告、宣传信息等不得含有虚假宣传内容，不得涉及疾病预防、治疗功能。

特此公告。

国家卫生健康委　国家市场监管总局
2019 年 11 月 25 日

附件

当归等 6 种新增按照传统既是食品又是中药材的物质目录

序号	名称	植物名/动物名	拉丁学名	所属科名	部位	备注
1	当归	当归	*Angelica sinensis* (Oliv.) Diels	伞形科	根	仅作为香辛料和调味品
2	山柰	山柰	*Kaempferia galanga* L.	姜科	根茎	仅作为香辛料和调味品
3	西红花	番红花	*Crocus sativus* L.	鸢尾科	柱头	仅作为香辛料和调味品，在香辛料和调味品中又称"藏红花"
4	草果	草果	*Amomum tsao-ko* Crevost et Lemaire	姜科	果实	仅作为香辛料和调味品

（续表）

序号	名称	植物名/动物名	拉丁学名	所属科名	部位	备注
5	姜黄	姜黄	Curcuma longa L.	姜科	根茎	仅作为香辛料和调味品
6	荜茇	荜茇	Piper longum L.	胡椒科	果穗	仅作为香辛料和调味品

注：列入按照传统既是食品又是中药材的物质目录的物质，作为食品生产经营，应当符合《食品安全法》的规定。

解读《关于当归等 6 种新增按照传统既是食品又是中药材的物质的公告》（2019 年第 8 号）

在我国传统饮食文化中，一些中药材在民间往往作为食材广泛食用，即按照传统既是食品又是中药材的物质（以下简称食药物质）。本次公布的当归等6种新增食药物质，主要根据《食品安全法》，按照我国传统饮食习惯和《中国药典》修订情况，综合考虑地方需求并参考相关国际管理经验，采用食品安全风险评估的原则和方法，经系统研究、综合论证确定。从征求意见的情况看，支持将上述物质按照食药物质管理。具体说明如下：

当归。在《中国药典》（2015 年版）收载。我国传统将当归作为香辛料和调味品食用，美国、欧盟、日本也将当归作为香辛料食用。在食药物质目录中所列的基源植物和食用部分与《中国药典》记载一致。

山柰、西红花、草果、姜黄、荜茇。在《中国药典》（2015 年版）收载。我国传统将山柰、西红花、草果、姜黄、荜茇作为香辛料和调味品食用，且列入《香辛料和调味品 名称》（GB/T 12729.1—2008）。在食药物质目录中所列的基源植物和食用部分与《中国药典》记载一致。

上述物质作为食药物质时，建议按照传统方式，仅对原材料进行粉碎、切片、压榨、炒制、水煮、酒泡等方式加工。食品中添加上述食药物质，其标签、说明书、广告、宣传信息等不得含有虚假内容，不得涉及疾病预防、治疗功能。上述物质作为保健食品原料使用时，应当按保健食品有关规定管理；作为中药材使用时，应当按中药材有关规定管理。

关于党参等 9 种新增按照传统既是食品又是中药材的物质公告（2023 年第 9 号）

根据《中华人民共和国食品安全法》及其实施条例、《按照传统既是食品又是中药材的物质目录管理规定》，经安全性评估及试点生产经营，现将党参、肉苁蓉（荒漠）、铁皮石斛、西洋参、黄芪、灵芝、山茱萸、天麻、杜仲叶等 9 种物质纳入按照传统既是食品又是中药材的物质目录。

特此公告。

国家卫生健康委员会　国家市场监督管理总局

2023 年 11 月 9 日

附件

党参等 9 种新增按照传统既是食品又是中药材的物质目录

名称	植物名	拉丁学名	所属科名	部位	安全限量值（mg/kg）[a,b]
党参	党参	*Codonopsis pilosula* (Franch.) Nannf.	桔梗科	根	铅（Pb）≤1.0 镉（Cd）≤0.5 砷（As）≤0.5 汞（Hg）≤0.1 二氧化硫（SO_2）≤400
	素花党参	*Codonopsis pilosula* Nannf. var. *modesta* (Nannf.) L. T. Shen			
	川党参	*Codonopsis tangshen* Oliv.			

（续表）

名称	植物名	拉丁学名	所属科名	部位	安全限量值（mg/kg）[a,b]
肉苁蓉（荒漠）	肉苁蓉	*Cistanche deserticola* Y. C. Ma	列当科	肉质茎	铅（Pb）≤1.0 镉（Cd）≤0.5 砷（As）≤0.5 汞（Hg）≤0.1
铁皮石斛	铁皮石斛	*Dendrobium officinale* Kimura et Migo	兰科	茎	铅（Pb）≤1.0 镉（Cd）≤0.5 砷（As）≤0.5 汞（Hg）≤0.05
西洋参	西洋参	*Panax quinquefolium* L.	五加科	根	铅（Pb）≤1.0 镉（Cd）≤1.0 砷（As）≤1.0 汞（Hg）≤0.3
黄芪	蒙古黄芪	*Astragalus membranaceus* (Fisch.) Bge. var. *mongholicus* (Bge.)Hsiao	豆科	根	铅（Pb）≤1.0 镉（Cd）≤0.5 砷（As）≤0.5 汞（Hg）≤0.1
	膜荚黄芪	*Astragalus membranaceus* (Fisch.) Bge.			
灵芝	赤芝	*Ganoderma lucidum* (Leyss. ex Fr.)Karst.	多孔菌科	子实体	铅（Pb）≤1.0 镉（Cd）≤0.5 砷（As）≤1.0 汞（Hg）≤0.1
	紫芝	*Ganoderma sinense* Zhao, Xu et Zhang			
山茱萸	山茱萸	*Cornus officinalis* Sieb. et Zucc.	山茱萸科	果实	铅（Pb）≤1.0 镉（Cd）≤0.1 砷（As）≤0.5 汞（Hg）≤0.1

（续表）

名称	植物名	拉丁学名	所属科名	部位	安全限量值（mg/kg）[a,b]
天麻	天麻	*Gastrodia elata* Bl.	兰科	块茎	铅（Pb）≤1.0 镉（Cd）≤1.0 砷（As）≤0.5 汞（Hg）≤0.05 二氧化硫（SO_2）≤400
杜仲叶	杜仲	*Eucommia ulmoides* Oliv.	杜仲科	叶	铅（Pb）≤2.0 镉（Cd）≤0.5 砷（As）≤1.0 汞（Hg）≤0.1

注：a. 铅、镉、砷、汞、二氧化硫分别按 GB 5009.12、GB 5009.15、GB 5009.11、GB 5009.17、GB 5009.34 规定的方法测定，农药限量应符合农业农村部的相关规定；b. 限量值基于干品确定，鲜品根据干品按水分进行折算。

解读《关于党参等9种新增按照传统既是食品又是中药材的物质公告》（2023年第9号）

在我国传统饮食文化中，一些中药材在民间往往作为食材广泛食用，即按照传统既是食品又是中药材的物质（以下简称食药物质）。本次公布的党参等9种新增食药物质，主要根据《食品安全法》和《按照传统既是食品又是中药材的物质目录管理规定》，充分考虑其在我国的传统食用情况、地方需求以及国际管理经验，并经试点生产经营和风险监测，综合论证确定。具体说明如下：

党参。在《中华人民共和国药典》（以下简称《中国药典》）（2020版）收载，为桔梗科植物党参［*Codonopsis pilosula* (Franch.)

Nannf.]、素花党参 [*Codonopsis pilosula* Nannf. var. *modesta* (Nannf.) L.T Shen] 或川党参（*Codonopsis tangshen* Oliv.）的干燥根。党参在山西、甘肃等省份有作为食品原料食用的历史，主要用于煲汤、煮粥、蒸饭、入菜、火锅用料、传统方式泡酒及制作党参脯等。按照传统习惯正常食用，未见不良反应报道。党参不宜与藜芦同用。

肉苁蓉（荒漠）。在《中国药典》（2020 版）收载，为列当科植物肉苁蓉（*Cistanche deserticola* Y.C. Ma）的干燥带鳞叶的肉质茎。肉苁蓉（荒漠）在内蒙古等省份有作为食品原料食用的历史，主要用于炖肉、入菜、制作主食、泡茶、传统方式泡酒等。按照传统习惯正常食用，未见不良反应报道。

铁皮石斛。在《中国药典》（2020 版）收载，为兰科植物铁皮石斛（*Dendrobium officinale* Kimura et Migo）的干燥茎。铁皮石斛在云南、浙江等省份有作为食品原料食用的历史，主要用于鲜食、煲汤、入菜、榨汁、泡茶、传统方式泡酒等。按照传统习惯正常食用，未见不良反应报道。

西洋参。在《中国药典》（2020 版）收载，为五加科植物西洋参（*Panax quinquefolium* L.）的干燥根。西洋参在山东等省份有作为食品原料食用的历史，主要用于泡水、煮粥、煲汤、入菜等。按照传统习惯正常食用，未见不良反应报道。西洋参不宜与藜芦同用。

黄芪。在《中国药典》（2020 版）收载，为豆科植物蒙古黄芪 [*Astragalus membranaceus* (Fisch.) Bge.var. *mongholicus* (Bge.) Hsiao] 或膜荚黄芪 [*Astragalus membranaceus* (Fisch.) Bge.] 的干燥根。黄芪在山西、甘肃等省份有作为食品原料食用的历史，主要用于煲汤、炖肉、煮粥、蒸饭、入菜、火锅、传统方式泡酒等。按照传统习惯正常食用，未见不良反应报道。

灵芝。在《中国药典》（2020 版）收载，为多孔菌科真菌赤芝［*Ganoderma lucidum* (Leyss.ex Fr.) Karst.］或紫芝（*Ganoderma sinense* Zhao, Xu et Zhang）的干燥子实体。灵芝在安徽、山东等省份有作为食品原料食用的历史，主要用于煲汤、泡茶、传统方式泡酒等。按照传统习惯正常食用，未见不良反应报道。

山茱萸。在《中国药典》（2020版）收载，为山茱萸科植物山茱萸（*Cornus officinalis* Sieb. et Zucc.）的干燥成熟果肉。山茱萸在陕西、河南等省份有作为食品原料食用的历史，主要用于煲汤、入菜、传统方式制作果酒、果汁、蜜饯果脯等。按照传统习惯正常食用，未见不良反应报道。

天麻。在《中国药典》（2020版）收载，为兰科植物天麻（*Gastrodia elata* Bl.）的干燥块茎。天麻在贵州、云南等省份有作为食品原料食用的历史，主要用于炖肉、入菜、火锅等。按照传统习惯正常食用，未见不良反应报道。过敏体质人群不宜食用。

杜仲叶。在《中国药典》（2020版）收载，为杜仲科植物杜仲（*Eucommia ulmoides* Oliv.）的干燥叶。杜仲叶在湖南、河南等省份有作为食品原料食用的历史，主要用于入菜、煮粥、泡茶、制作主食等。按照传统习惯正常食用，未见不良反应报道。

上述物质作为食药物质，建议按照传统方式适量食用，孕妇、哺乳期妇女及婴幼儿等特殊人群不推荐食用。传统方式通常指对原材料进行粉碎、切片、压榨、炒制、水煮、酒泡等。上述物质作为保健食品原料使用时，应当按照保健食品有关规定管理；作为中药材使用时，应当按照中药材有关规定管理。

公告明确为普通食品的名单

人参（人工种植）、白毛银露梅、黄明胶、五指毛桃、牛蒡根、沙棘叶、天贝、冬青科苦丁茶、梨果仙人掌、玉米须、平卧菊三七［*Gynura Procumbens* (Lour.) Merr］、大麦苗（Barley

Leaves)、养殖梅花鹿其他副产品（除鹿茸、鹿角、鹿胎、鹿骨外）、木犀科粗壮女贞苦丁茶、玫瑰花（重瓣红玫瑰 Rose rugosa cv. 'Plena'）、凉粉草（仙草 Mesona chinensis Benth.）、夏枯草（Prunella vulgaris L.）、布渣叶（破布叶 Microcos paniculata L.）、鸡蛋花（Plumeria rubra L. cv. 'Acutifolia'）、金花茶、显脉旋覆花（小黑药）、诺丽果浆、雪莲培养物、针叶樱桃果、刺梨、玫瑰茄、耳叶牛皮消

关于批准人参（人工种植）为新资源食品的公告（2012年第17号）

根据《中华人民共和国食品安全法》和《新资源食品管理办法》的规定，现批准人参（人工种植）为新资源食品。人参（人工种植）的生产经营应当符合有关法律、法规、标准规定。

特此公告。

附件：人参（人工种植）

卫生部
2012年8月29日

附件

中文名称	人参（人工种植）
拉丁名称	Panax ginseng C. A. Mey.
基本信息	来源：5年及5年以下人工种植的人参 种属：五加科、人参属 食用部位：根及根茎
食用量	≤3克/天
其他需要说明的情况	1. 卫生安全指标应当符合我国相关标准要求。 2. 孕妇、哺乳期妇女及14周岁以下儿童不宜食用，标签、说明书中应当标注不适宜人群和食用限量。

国家卫生计生委办公厅关于"华西银腊梅（药王茶）"有关问题的复函（国卫办食品函〔2014〕1075号）

陕西省卫生计生委：

你委《关于将华西银腊梅（药王茶）列为普通食品管理的请示》（陕卫监督函〔2014〕273号）收悉。经研究，现回复如下：

一、"华西银腊梅"是蔷薇科委陵菜属植物，规范名称应当为"白毛银露梅［*Potentilla glabra* Lodd. var. *mandshurica* (Maxim.) Hand.-Mazz］"。

二、根据《食品安全法》和《新食品原料安全性审查管理办法》的规定，同意你委将白毛银露梅作为有传统食用习惯的普通食品管理的意见。

生产经营上述食品应当符合有关法律、法规和标准的规定，并按照规范名称进行标注。

专此函复。

国家卫生计生委办公厅
2014年11月19日

国家卫生计生委办公厅关于黄明胶、鹿角胶和龟甲胶有关问题的复函（国卫办食品函〔2014〕570号）

山东省卫生计生委：

你委《关于黄明胶等胶类产品是否作为普通食品管理的请示》（鲁卫食安监督字〔2014〕10号）收悉。经研究，现答复如下：

一、根据《食品安全法》和《新食品原料安全性审查管理办法》的规定，黄明胶可作为有传统食用习惯的普通食品管理。生产经营上述食品应当符合有关法律、法规和标准的规定。

二、鹿角和龟甲不属于我委2013年第7号公告范围，鹿角胶和龟甲胶是传统中药材，均已列入《中华人民共和国药典》（2010版），作为普通食品使用尚无足够的科学依据，因此暂不宜作为普通食品使用。

专此函复。

国家卫生计生委办公厅
2014年6月30日

国家卫生计生委办公厅关于五指毛桃有关问题的复函
（国卫办食品函〔2014〕205号）

广东省卫生计生委：

原广东省卫生厅《关于将"五指毛桃"列为普通食品管理的请示》（粤卫〔2013〕69号）收悉。经研究，根据《食品安全法》、《新食品原料安全性审查管理办法》规定，同意你们将五指毛桃（桑科榕属的粗叶榕，拉丁学名 *Ficus hirta* Vahl）作为有传统食用习惯的普通食品管理的意见。生产经营上述食品应当符合有关法律、法规、标准规定。

专此函复。

国家卫生计生委办公厅
2014年3月13日

国家卫生计生委关于牛蒡作为普通食品管理有关问题的批复
（国卫食品函〔2013〕83号）

河北省卫生厅：

你厅《关于牛蒡能否作为普通食品原料使用的请示》（冀卫办监督函〔2013〕20号）收悉。经研究，现批复如下：

一、同意牛蒡根作为普通食品管理。生产经营和使用牛蒡根应当符合有关法律、法规、标准规定。

二、牛蒡子仍按照《卫生部关于进一步规范保健食品原料管理的通知》（卫法监发〔2002〕51号）的规定执行。

此复。

国家卫生计生委
2013年8月28日

关于沙棘叶、天贝作为普通食品管理的公告（2013年第3号）

根据《中华人民共和国食品安全法》和《新资源食品管理办法》有关规定，现公布沙棘叶、天贝（以大豆为原料经米根霉发酵制成）作为普通食品管理。

以可食用的动物或植物蛋白质为原料，经《食品添加剂使用标准》（GB 2760—2011）规定允许使用的食品用酶制剂酶解制成的物质作为普通食品管理。自本公告发布之日起，我委不再受理上述物质新资源食品的申请。生产经营上述食品应当符合有关法律、法规、标准规定。

特此公告。

国家卫生和计划生育委员会
2013年5月14日

关于同意将冬青科苦丁茶作为普通食品管理的批复
（卫计生函〔2013〕86号）

海南省卫生厅：

你厅《关于调整冬青科苦丁茶为普通食品的请示》（琼卫法规〔2012〕38号）收悉。经研究，我委同意将冬青科苦丁茶（*Ilex kudingcha* C. J. Tseng）作为普通食品管理。生产经营上述食品应当符合有关法律、法规、标准规定。

此复。

国家卫生和计划生育委员会
2013 年 4 月 10 日

关于批准蛋白核小球藻等 4 种新资源食品的公告
（2012 年第 19 号）

根据《中华人民共和国食品安全法》和《新资源食品管理办法》有关规定，现批准蛋白核小球藻、乌药叶、辣木叶为新资源食品，变更新资源食品蔗糖聚酯的食用量，公布梨果仙人掌〔*Opuntia ficus-indica*（Linn.）Mill，米邦塔品种〕为普通食品。生产经营上述食品应当符合有关法律、法规、标准规定。

特此公告。

附件：蛋白核小球藻等 4 种新资源食品 .doc

卫生部
2012 年 11 月 12 日

卫生部关于玉米须有关问题的批复（卫监督函〔2012〕306 号）

吉林省卫生厅：

你厅《关于玉米须类产品安全性管理原则的请示》（吉卫文〔2012〕7 号）收悉。经研究，现批复如下：

玉米须在我国有一定的食用历史，未发现安全性问题，可作为普通食品管理。

此复。

卫生部
2012 年 10 月 18 日

关于将肠膜明串珠菌肠膜亚种列入《可用于食品的菌种名单》的公告(2012年第8号)

根据《中华人民共和国食品安全法》和《新资源食品管理办法》的规定,现将肠膜明串珠菌肠膜亚种(*Leuconostoc mesenteroides* subsp. *mesenteroides*)列入我部于2010年4月印发的《可用于食品的菌种名单》(卫办监督发〔2010〕65号),允许平卧菊三七[*Gynura procumbens*(Lour.)Merr]、大麦苗(Barley leaves)为普通食品。生产经营上述食品应当符合有关法律、法规、标准规定。

特此公告。

二〇一二年五月八日

卫生部关于养殖梅花鹿副产品作为普通食品有关问题的批复(卫监督函〔2012〕8号)

吉林省卫生厅:

你厅《关于明确部分养殖梅花鹿副产品作为普通食品管理的请示》(吉卫文〔2011〕77号)收悉。经研究,现批复如下:

开发利用养殖梅花鹿副产品作为食品应当符合我国野生动植物保护相关法律法规。根据《食品安全法》及其实施条例,以及我部《关于普通食品中有关原料问题的批复》(卫监督函〔2009〕326号)和《关于进一步规范保健食品原料管理的通知》(卫法监发〔2002〕51号)有关规定,除鹿茸、鹿角、鹿胎、鹿骨外,养殖梅花鹿其他副产品可作为普通食品。

此复。

二〇一二年一月十日

卫生部关于同意木犀科粗壮女贞苦丁茶为普通食品的批复
（卫监督函〔2011〕428 号）

四川省卫生厅：

你厅《关于调整木犀科粗壮女贞苦丁茶为普通食品的请示》（川卫函〔2011〕440 号）收悉。经组织研究，我部同意木犀科粗壮女贞 [*Ligustrum robustum* (Roxb.) Blum.] 苦丁茶为普通食品。生产经营上述食品应当符合有关法律、法规、标准规定。

此复。

二〇一一年十二月二十八日

关于批准 DHA 藻油、棉籽低聚糖等 7 种物品为新资源食品及其他相关规定的公告（2010 年第 3 号）

根据《中华人民共和国食品安全法》和《新资源食品管理办法》的规定，现批准 DHA 藻油、棉籽低聚糖、植物甾醇、植物甾醇酯、花生四烯酸油脂、白子菜、御米油等 7 种物品为新资源食品，允许玫瑰花（重瓣红玫瑰 *Rose rugosa* cv. Plena）、凉粉草（仙草 *Mesona chinensis* Benth.）作为普通食品生产经营，允许夏枯草（*Prunella vulgaris* L.）、布渣叶（破布叶 *Microcos paniculata* L.）、鸡蛋花（*Plumeria rubra* L.cv. Acutifolia）作为凉茶饮料原料使用。生产经营上述食品应当符合有关法律、法规、标准规定。

特此公告。

附件：7 种新资源食品目录 .doc

二〇一〇年三月九日

关于批准金花茶、显脉旋覆花（小黑药）等5种物品为新资源食品的公告（2010年第9号）

中华人民共和国卫生部
公　告

根据《中华人民共和国食品安全法》和《新资源食品管理办法》的规定，现批准金花茶、显脉旋覆花（小黑药）、诺丽果浆、酵母β-葡聚糖、雪莲培养物等5种物品为新资源食品，允许针叶樱桃果作为普通食品生产经营。生产经营上述食品应当符合有关法律、法规、标准规定。

特此公告。

附件：5种新资源食品目录.doc

二〇一〇年五月二十日

关于将油菜花粉等食品新资源列为普通食品管理的公告（2004年第17号）

根据《中华人民共和国食品卫生法》及《新资源食品卫生管理办法》规定，卫生部于1998年下发《关于1998年全国保健食品市场整顿工作安排的通知》（卫监法发〔1998〕第9号），将食品新资源油菜花粉、玉米花粉、松花粉、向日葵花粉、紫云英花粉、荞麦花粉、芝麻花粉、高粱花粉、魔芋、钝顶螺旋藻、极大螺旋藻、刺梨、玫瑰茄、蚕蛹列为普通食品管理。自本公告发布之日起，注销上述类别新资源食品的卫生审查批件，并停止受理上述类别新资源食品卫生审查批件的转让、变更、补发。

二〇〇四年八月十七日

国家卫生计生委办公厅关于"滨海白首乌"有关问题的复函
（国卫办食品函〔2014〕427号）

江苏省卫生厅：

你厅《关于"滨海白首乌"能否作为普通食品原料的请示》（苏卫监督〔2013〕39号）收悉。经研究，现提出以下回复意见：

一、你厅来函所称"滨海白首乌"规范名称应当为"萝藦科鹅绒藤属植物耳叶牛皮消（Cynanchum auriculatum Royle ex Wight）"，不应与何首乌、白首乌混淆。

二、根据《食品安全法》和《新食品原料安全性审查管理办法》的规定，同意你厅将耳叶牛皮消作为有传统食用习惯的普通食品管理的意见。生产经营上述食品应当符合有关法律、法规和标准的规定。

三、生产经营耳叶牛皮消食品应当按照上述规范名称进行标注。

专此函复。

国家卫生计生委办公厅
2014年5月19日

关于地黄等4种按照传统既是食品又是中药材的物质的公告（2024年第4号）

根据《中华人民共和国食品安全法》及其实施条例、《按照传统既是食品又是中药材的物质目录管理规定》，经安全性评估，现将地黄、麦冬、天冬、化橘红等4种物质纳入按照传统既是食品又是中药材的物质目录。

特此公告。

附件：地黄等 4 种新增按照传统既是食品又是中药材的物质目录

国家卫生健康委员会　国家市场监督管理总局

2024 年 8 月 12 日

附件

地黄等 4 种新增按照传统既是食品又是中药材的物质目录

名称	植物名	拉丁学名	所属科名	部位	安全限量值（mg/kg）a，b
地黄	地黄	*Rehmannia glutinosa* Libosch.	玄参科	块根	铅（Pb）$\leq$1.0 镉（Cd）$\leq$0.5 砷（As）$\leq$1.0 汞（Hg）$\leq$0.2
麦冬	麦冬	*Ophiopogon japonicus* (L. f.) Ker Gawl.	百合科	块根	铅（Pb）$\leq$1.0 镉（Cd）$\leq$0.5 砷（As）$\leq$0.5 汞（Hg）$\leq$0.1
天冬	天冬	*Asparagus cochinchinensis* (Lour.) Merr.	百合科	块根	铅（Pb）$\leq$1.0 镉（Cd）$\leq$0.5 砷（As）$\leq$1.0 汞（Hg）$\leq$0.1 二氧化硫（SO_2）$\leq$400
化橘红	化州柚	*Citrus grandis* 'Tomentosa'	芸香科	外层果皮	铅（Pb）$\leq$1.0 镉（Cd）$\leq$0.1 砷（As）$\leq$0.5 汞（Hg）$\leq$0.1
	柚	*Citrus grandis* (L.) Osbeck			

注：a. 铅、镉、砷、汞、二氧化硫分别按 GB 5009.12、GB 5009.15、GB 5009.11、GB 5009.17、GB 5009.34 规定的方法测定，农药限量应符合农业农村部的相关规定；b. 限量值基于干品确定，鲜品根据干品按水分进行折算。

解读《关于地黄等4种按照传统既是食品又是中药材的物质的公告》(2024年第4号)

在我国传统饮食文化中，一些中药材在民间往往作为食材广泛食用，即按照传统既是食品又是中药材的物质（以下简称食药物质）《食品安全法》规定，生产经营的食品中不得添加药品，但是可以添加食药物质；食药物质目录由国务院卫生行政部门会同国务院食品安全监督管理部门制定、公布。为规范食药物质目录管理，国家卫生健康委制定《食药物质目录管理规定》，明确由省级卫生健康行政部门结合辖区实际，动议提出增补修订食药物质目录的申请，同时应按相关要求组织安全性资料，与申请一并提交。国家卫生健康委收到申请后组织审查，对符合食品安全要求的会同市场监管总局发布公告纳入目录。

地黄、麦冬、天冬、化橘红等4种新增食药物质，主要采用食品安全风险评估的原则和方法进行安全性评估，并综合考虑其在我国传统作为食品食用的情况，以及地方相关食品产业高质量发展需求等，经综合论证确定。具体说明如下：

地黄。在《中华人民共和国药典》（2020版）收载，为玄参科植物地黄（*Rehmannia glutinosa* Libosch.）的新鲜或干燥块根。地黄在河南、甘肃、山东等地区有作为食品原料食用历史，主要方法为腌制咸菜、泡茶、泡酒、入菜、煲汤、炖肉等。按照传统习惯正常食用，未见不良反应报道。熟地黄作为生地黄的炮制加工品收录于地黄项目下，经传统的加工方式制成，可作为食药物质使用。

麦冬。在《中华人民共和国药典》（2020版）收载，为百合科植物麦冬 [*Ophiopogon japonicus* (L. f.) Ker Gawl.] 的干燥块根。麦冬在我国四川、广东等地区有作为食品原料食用历史，主要方法为泡茶、煮粥、煲汤等。按照传统习惯正常食用，未见不良反应报道。

天冬。在《中华人民共和国药典》（2020版）收载，为百合科植物天冬［*Asparagus cochinchinensis* (Lour.) Merr.］的干燥块根。天冬在四川等地区有作为食品原料食用历史，主要方法为蒸食（鲜品）、煲汤、酿酒、茶饮、煮粥、制作蜜饯等。按照传统习惯正常食用，未见不良反应报道。

化橘红。在《中华人民共和国药典》（2020版）收载，为芸香科植物化州柚（*Citrus grandis* 'Tomentosa'）或柚［*Citrus grandis* (L.) Osbeck］的未成熟或近成熟的干燥外层果皮。化橘红在广东、广西等地区有作为食品原料食用历史，主要方法为泡茶、煲汤、炖肉、入菜、传统方式制作饮料、糖果、蜜饯果脯和糕点等。按照传统习惯正常食用，未见不良反应报道。

上述物质作为食药物质，建议按照传统方式适量食用，孕妇、哺乳期妇女及婴幼儿等特殊人群不推荐食用。上述物质作为保健食品原料使用时，应当按保健食品有关规定管理；作为中药材使用时，应当按中药材有关规定管理。